Ganzheitlich gesund

Lilo Gaudszun

WAS HERZ UND SEELE WÄRMT

Lilo Gaudszun

Was Herz und Seele wärmt

Heilende Getränke aus
Früchten, Kräutern und Gewürzen

AURUM VERLAG · BRAUNSCHWEIG

Titelfoto: Studio Druwe/Polastri
Zeichnungen: Martin Tiefenthaler

Die Deutsche Bibliothek – CIP-Einheitsaufnahme

Gaudszun, Lilo:
Was Herz und Seele wärmt : heilende Getränke aus Früchten,
Kräutern und Gewürzen / Lilo Gaudszun. [Zeichn: Martin Tie-
fenthaler]. - Braunschweig : Aurum-Verl., 1997
(Ganzheitlich gesund)
ISBN 3-591-08414-X

1997
ISBN 3-591-08414-X
© Aurum Verlag GmbH, Braunschweig
Gesamtherstellung: Westermann Druck Zwickau GmbH

INHALT

Von Herzen gewidmet meinem Enkeltöchterchen Janina und allen Menschen, die ihre Gesundheit als kostbarstes Gut zu schätzen wissen und aktiv zu ihrer Erhaltung und Pflege beitragen möchten.

VORWORT

Janina, meine kleine Enkeltochter, brachte mich auf die Idee, ein Büchlein über Getränke zu schreiben, die den Körper ebenso erwärmen wie Herz und Seele. Sie war fünf Jahre alt und schon ein stolzes Vorschulkind, als sie im Winter ihre Oma und ihren Opa im Harz besuchte. Das Wetter war feuchtkalt und ungemütlich – genau richtig, um heiße Getränke zuzubereiten, die uns so wundervoll von innen erwärmen und eine wahre Wohltat sein können. So ein köstlich duftendes Getränk ist an dunklen Tagen, an denen die Sonne gar nicht richtig hervorkommen will, auch bestens geeignet, um unsere düstere Stimmung zu erhellen.

Janina erzählte, daß sie gern heiße Milch mit Honig trinken würde, aber weil sie Neurodermitis an einigen Stellen am Beinchen habe, dürfe sie nur Mineralwasser trinken, manchmal mit einem Schluck Apfelsaft gemischt.

Als ich sie nun ständig kaltes Mineralwasser trinken sah, und das in dieser kalten Jahreszeit, machte ich mir ernsthaft Gedanken und beschloß, sie für etwas anderes zu begeistern. Wie leicht das ging, hat mich selbst erstaunt. Unserem Einfallsreichtum waren keine Grenzen gesetzt. Apfel-Honig-Safran-Tee, Hagebutten-Apfel-Tee, Brennnessel-Holunder-Fenchel-Tee oder Spitzwegerich mit weißen Kleeblüten, Zitronensaft und Honig, Gänsefingerkraut-Tee und viele andere köstliche Getränke, oft mit einer Spur eines Gewürzes, haben wir beide mit viel Spaß und Vergnügen zubereitet. Janinas Aufgeschlossenheit und ihr großer Eifer beim Äpfelschneiden, Zitronenausdrücken und beim Abschmecken der gerade „gebrauten" Getränke haben mir sehr viel Freude gemacht.

Diese Freude möchte ich gern an Sie, liebe Leserin, lieber Leser, weitergeben. Vielleicht finden Sie mein Büchlein manchmal ein bißchen „versponnen", aber vielleicht erkennen Sie darin auch etwas von dem Spaß, den es mir macht, Dinge auszuprobieren, zu sammeln, zu studieren und oft spielerisch zu verändern und dabei aufregende und erstaunliche Erfahrungen zu machen.

Neue Rezepte und Anregungen habe ich stets als wertvolle Geschenke betrachtet, als Geschenke, die weitergegeben werden wollen, um noch wertvoller zu werden. Wenn Ihnen das, was ich hier aufgeschrieben habe, Nutzen und Freude bringt, hat dieses Buch seinen Zweck erfüllt.

EINLEITUNG

DEM ZAUBER VON KRÄUTERN UND GEWÜRZEN AUF DER SPUR

Dem Zauber der Kräuter bin ich seit meiner Jugendzeit auf der Spur. Ganz besonders interessierten mich immer die Kräuter „am unrechten Ort", die sogenannten Unkräuter. Mit ihrem Reichtum an aktiven Wirkstoffen sind diese oft verachteten und mißhandelten Wildpflanzen wahre Kraftquellen für den, der sie richtig zu nutzen weiß. Ihre Wachstumsfreude ist erstaunlich, und meist sind sie so reichlich vorhanden, daß man der Natur keinen Schaden zufügt, wenn man sich kostenfrei bedient, wobei ein entsprechendes Verhalten selbstverständlich Voraussetzung ist. Das heißt, man benutzt ein Messerchen zum Schneiden der Pflanze, beschädigt die Wurzeln nicht und geht mit Achtung und Ehrerbietung auch mit den Pflanzen um, die im Überfluß vorhanden sind.

Das meiste, was ich über Gewürze und ihren unterschiedlichen Einfluß auf unsere Gesundheit weiß, habe ich in Indien, der Heimat des Ayurveda, lernen dürfen. In Agra, der ehemaligen Hauptstadt des Moghulreiches, machte mich Dr. Khanna, der einer der wenigen noch lebenden Freiheitskämpfer mit Mahatma Gandhi ist, mit seinem Neffen bekannt. Dieser hervorragende Phytotherapeut war sofort bereit, sein umfangreiches Wissen mit mir zu teilen. Agra ist vor allem durch das Taj Mahal bekannt, das „Denkmal einer unsterblichen Liebe", das der Moghulkaiser Shah Jahan für seine früh verstorbene Frau Mumtaz Mahal erbauen ließ. Weniger bekannt ist, daß es in der Gegend um Agra eine besonders große Vielfalt an heilkräftigen Pflanzen gibt. In Agra, wie in fast jeder indischen

Stadt, leben die Menschen mit den auf der Straße herumlaufenden Schweinen, Kühen, Hunden, Affen und Vögeln in einer außergewöhnlichen Gemeinschaft. Jeder ist auf sich gestellt, scheint aber dennoch das Lebensrecht des anderen zu respektieren.

Diese außergewöhnliche Atmosphäre finde ich erwähnenswert. Bei meinen interessanten Gesprächen mit Dr. Khanna und seinem Neffen über die „Heil-heilig-Kräfte" der Natur und darüber, wie sie ganzheitlich und doch gezielt genutzt und mit sanfter Gewalt in Richtung Gesundheit, Harmonie und Gleichgewicht gelenkt werden können, wurde ich immer wieder von zwei Affen abgelenkt, die draußen herumtollten. Der eine setzte sich schließlich auf die Fensterbank des großen offenstehenden Fensters. Er beäugte mich sehr aufmerksam, doch sobald ich ihn ansah, blickte er gleichgültig in die Gegend. Der andere saß auf dem Dach des gegenüberliegenden Hauses. Ich war erst ein paar Tage in Indien und hatte schon so viel Unglaubliches erlebt, daß es mir vorkam, als wäre ich auf einem anderen Planeten gelandet. Diese beiden Affen benahmen sich so menschenähnlich und ungeniert, daß ich ihren Anblick nie vergessen werde. Man versicherte mir, daß sie genügend Respekt hätten, um auch bei offenem Fenster nicht ins Innere des Hauses zu kommen.

Dr. Khanna ermahnte seinen Neffen, der von meinem großen Interesse sehr angeregt war, mich über das Wesentliche zu informieren, nämlich über die ayurvedischen Künste, die zur Erhaltung unserer Gesundheit wichtig und notwendig sind und im Alltag praktisch angewendet werden können. Das mir so liebevoll anvertraute Wissen über Gewürze, ihre Anwendungen und Wirkungen, besonders in Verbindung mit Heilpflanzen, faszinierte mich. Wie viele Möglichkeiten es gab, mit sorgfältig ausgewählten Gewürzen den Wirkungsbereich eines Heilpflanzentees wesentlich zu erweitern und zu verstärken! Genauso beachtenswert erschien mir der Einfluß von Gewürzen zur Förderung der Aufnahmebereitschaft des Körpers für heilende und wohltuende Substanzen, denn ohne diese Aufnahmebereitschaft des Organismus kann nur wenig erreicht werden.

Ich habe mich oft gewundert über die vielen Nahrungsergänzungsmittel, die meine Freunde und Bekannten täglich verkonsumierten, besonders in den USA, wo ich achtundzwanzig Jahre meines Lebens verbracht habe. Die Gründe für die Einnahme dieser „Mittelchen" waren so unterschiedlich und vielfältig wie die Wirkungen, die diese haben sollten. Man fragt sich unwillkürlich, ob so viel „Gutes" von unserem Körper überhaupt aufgenommen und verwertet werden kann, ohne daß dieser überlastet wird, weil er einfach des Guten zuviel bekommt.

Heilpflanzen und Gewürze so zu kombinieren, daß die allgemeine Aufnahmebereitschaft des Körpers angeregt, gefördert und normalisiert wird, ist eine Kunst, bei der viele Faktoren berücksichtigt werden müssen. Eine Heilpflanzen-Gewürz-Komposition sollte sorgfältig ausgewählt und zusammengestellt werden. Sie sollte im Einklang mit der Jahreszeit sein und sowohl das Alter der Person berücksichtigen als auch ihr Temperament und ihre individuelle Veranlagung. Zum besseren Verständnis hier ein paar Beispiele:

Eine Teekur mit Hagebutten, Kürbiskernen oder Äpfeln wird im Frühling nicht angebracht sein, wenn in der Natur alles grünt und sprießt. Im Herbst und Winter jedoch ist die gleiche Teekur höchstwahrscheinlich von großem Efolg gekrönt.

Entkrampfende, beruhigende und schlaffördernde Kräuter sind weitgehend unabhängig von der Jahreszeit und den Mondphasen.

13

Die beste Tageszeit, um einen Heilkräutertee zu sich zu nehmen, ist eine oder eine halbe Stunde vor dem Frühstück. Der Magen ist dann ausgeruht und nüchtern und kann die Inhaltsstoffe besonders gut verwerten. Ein Tee, der zu einer Mahlzeit getrunken wird, kann nicht die gleiche Wirkung haben. Manchmal ist es auch angebracht, ein Getränk nach dem Essen zu sich zu nehmen, eventuell um die aufgenommene Nahrung besser zu verdauen oder am Abend das Einschlafen zu erleichtern.

Eine Heilpflanzen-Gewürz-Komposition zur Entgiftung und Entschlackung des Körpers wird bei Neumond die stärkste Wirkung haben. Danach beginnt der Körper wieder aufzubauen und ist nicht mehr auf Loslassen eingestellt. Wie wichtig diese Kenntnisse sind, erfahre ich immer wieder, wenn ich Menschen begegne, die mit dem zunehmenden Mond fasten. Die Schwierigkeit dabei ist, daß der Körper sich nicht so leicht von den Stoffen trennt, die man gern loswerden möchte, auch nicht mit Hilfe von Heilkräutern, weil diese eben auch im Einklang mit den Mondphasen und noch dazu mit der Jahreszeit sein müssen. Noch schwieriger wird es, wenn das Fasten kurz nach dem Vollmond gebrochen wird. Die Aufbauphase beginnt dann in einer Zeit, in der der Körper auf Loslassen und Entgiften eingestellt ist. Erstaunlich oft läßt sich durch einige Nachforschungen sehr leicht feststellen, warum eine Fastenkur nicht den erwünschten Erfolg bringen konnte. Wenn die Mondphasen nicht beachtet werden, ist der Mißerfolg in vielen Fällen schon vorprogrammiert.

Die Achtung der natürlichen Rhythmen in Zusammenhang mit der Nutzung von „Heil-heilig-Kräften" aus der umgebenden Natur war den Indianern Nordamerikas genauso selbstverständlich wie unseren Vorfahren hier in Europa oder den Menschen an anderen Orten unserer Erde. Wann immer es darum ging, die selbstregulierenden

Kräfte des Lebens zu aktivieren, wobei Instinkt, Intuition und sehr viel Vertrauen erforderlich waren, spielte auch der heilende Zauber von Heilpflanzen und Gewürzen eine bedeutende Rolle. Die Wirksamkeit bestimmter Heilpflanzen und Gewürze kann heute zum Teil wissenschaftlich nachgewiesen werden, aber sie ist mit Sicherheit nicht nur auf die Wirkung einzelner Inhaltsstoffe beschränkt. Verborgene Schätze bewirken gemeinsam und als Einheit den heilenden Zauber.

Was das instinktive Erfühlen und Befolgen der Naturgesetze angeht, sind die meisten Tiere dem Menschen weit überlegen. Sie fressen keine für sie giftigen Pflanzen. Bestimmte Pflanzen fressen sie nur zu bestimmten Jahreszeiten. Ein Tier, das aus dem Winterschlaf erwacht, wird nicht sofort nach nahrhaften Kräutern Ausschau halten, sondern sein System mit Pflanzen in Schwung bringen, die den Stoffwechsel anregen und eine reinigende Wirkung haben.

Der Mensch hat diesen Instinkt weitgehend verloren. Seine Ernährung ist nicht mehr den Jahreszeiten und dem Klima angepaßt. Und weil er die naturgegebenen Rhythmen ständig mißachtet, leidet er zunehmend unter Wetterfühligkeit, Müdigkeit, Energiemangel und vor allem unter Allergien. Auch unsere Haustiere, für die wir weitgehend verantwortlich sind, zeigen mehr und mehr die gleichen ernährungsbedingten Krankheitssyptome. Ein großer Teil unserer Nahrung besteht aus fertigen Fabrikprodukten – bequem, sauber, steril, das ganze Jahr von gleichbleibender Qualität, mit sorgfältig aufgeführten Inhaltsstoffen und genauer Kalorienangabe. Doch die Qualität der Nahrung wird nicht durch ihren Kaloriengehalt bestimmt, und denaturierte Nahrungsmittel, die unseren Körper hungern lassen, dienen nicht der Gesunderhaltung. Sie rauben Menschen und Tieren die Freude am Leben.

Was für Nahrungsmittel gilt, gilt natürlich auch für Heilpflanzen und Gewürze. Auch sie sollten selbstverständlich immer von bester Qualität sein. Bestrahlte, begaste, aromatisierte oder überalterte Heilpflanzen und Gewürze sind nicht angebracht und können, anstatt den Gesundheitszustand zu verbessern, Beschwerden verursachen. Um dem Zauber von Kräutern und Gewürzen nachzuspüren, braucht man vor allem Neugier, Interesse und wache Sinne, die sich nicht so leicht betören lassen von lauten, oberflächlichen Reizen, von naturidentischen Duft- und Aromastoffen. Der wahre Zauber der Natur flüstert mit sanfter Stimme und erreicht Körper, Seele und Geist. Ihm auf der Spur zu sein, ist bereichernd und beglückend zugleich.

Beachten Sie auch, daß es uns hier darum geht, etwas für die eigene Gesundheit zu tun, solange sie noch da ist. Vorbeugen, schützen, stärken, erhalten – all das ist leichter als heilen. Daher versteht es sich von selbst, daß alle Vorschläge, Empfehlungen und Rezepte in diesem Buch nicht als Heilmittel oder Hilfe bei ernsthaften Erkrankungen gedacht sind. Diese gehören auf jeden Fall in die Hand eines Arztes. Selbst mit Heilpflanzen herumzudoktern kann gefährlich sein! Krankheitsvorstufen können mit den Heilkräften aus Wald und Flur jedoch sehr wirkungsvoll beeinflußt werden.

ANIS, FENCHEL UND KÜMMEL

Die Samen dieser drei Doldengewächse ähneln sich in ihrer Heilwirkung und werden oft kombiniert verwendet. In Indien werden sie nach den Mahlzeiten gereicht und eine Weile gekaut. Es hat mich interessiert, was dieses Kauen von unzerkleinerten Samenkörnchen bewirken soll. Ich erfuhr, daß durch das Kauen vermehrt Speichel abgesondert wird, den man in Asien bedeutungsvoll als „Wasser des Himmels" bezeichnet. Dieses „Wasser des Himmels" reinigt Mund und Zähne und hilft dem Magen beim Verdauen der Nahrung. Das Kauen der Samenkörnchen soll außerdem für einen Ausgleich sorgen, wenn die Mischung oder die Zubereitung der Speisen nicht den Bedürfnissen des Essers entsprochen hat. Abends kann das Kauen der Körnchen auch beruhigend wirken und das Einschlafen fördern.

Die hervorragenden Eigenschaften und Wirkungen dieser Samenkörner, die für Ausgleich und Harmonie sorgen, dürften gerade in der heutigen Zeit für viele Menschen wieder sehr interessant sein. Ausgeglichenheit und Harmonie sind bei vielen von uns durch jahrelange falsche, für den Körper unzuträgliche Ernährung, Zusatzstoffe in den Nahrungsmitteln, schädliche Umwelteinflüsse, häufige Anwendung von Medikamenten und dergleichen mehr erheblich gestört. Leider können entstandene Schäden durch das Ausschalten der Störfaktoren, soweit das überhaupt möglich ist, auch nicht ganz beseitigt werden. Eine Umstellung der Ernährungsgewohnheiten ist zwar unverzichtbar, reicht aber meist nicht aus. Zusätzliche

Hilfe kann zum Beispiel von ausgewählten Heilpflanzen kommen.

Anis fördert die Verdauung und soll, so sagt man seit uralten Zeiten, Magen und Darm von Würmern, Schmarozern und dergleichen reinigen. Zwar ist Anis nicht die einzige Pflanze, der diese Eigenschaften nachgesagt werden, aber sie ist eine der wirkungsvollsten. In Indien wurde ich auf die reinigenden, ins Gleichgewicht bringenden Kräfte des Anis besonders hingewiesen. Diese sollen sich auch auf außer Kontrolle geratene Darmpilze erstrecken, die vielfältige Beschwerden verursachen können – ein Problem, das in der westlichen Welt immer häufiger auftritt. Doch wie bereits gesagt, ohne eine konsequente Ernährungsumstellung ist das Gewürz von dieser Aufgabe überfordert.

Sehr schwere Störungen lassen sich ohne ärztliche Hilfe nicht behandeln, aber Anis kann die Therapie wirkungsvoll unterstützen und, rechtzeitig angewendet, Störungen schützend abwehren. Eine Kur mit einem Heilpflanzentee, dem zerstoßene Aniskörnchen, kurz aufgebrüht, zugesetzt werden, kann Wunder wirken. Wer unter solchen Beschwerden leidet, sollte außerdem alle Vollkornbackwaren selbst herstellen, und zwar mit einem Zusatz von Anis, Fenchel und Kümmel im Wechsel oder auch in Kombination.

Auch in vielen anderen Gerichten kann Anis (Pimpinella anisum) den Wohlgeschmack und die Heilwirkung gleichzeitig erhöhen. Anis entzieht Erregern den Nährboden und wirkt sich unter anderem lähmend auf diese aus. Dieser Einfluß, der auf die Kraft des ätherischen Öls zurückzuführen ist, macht sich nicht nur in Magen und Darm bemerkbar, sondern auch in anderen Bereichen unseres Körpers. Ein Heilpflanzentee mit Aniszusatz, der diese spezielle Wirkung haben soll, darf nicht mit Honig gesüßt sein. Anistee, der gegen Erkältungen und zur Schleimlösung eingesetzt wird, sollte hingegen mit nicht wärmegeschädigtem Honig gesüßt werden.

Bei Überdosierung hat Anis Nebenwirkungen, die sehr stark von der Sensibilität des einzelnen Menschen abhängen. Dazu gehören Unwohlsein, Schwindel und in ganz extremen Fällen, bei sehr starkem Mißbrauch auch Lähmungen. Das passiert allerdings nur, wenn das Gewürz in unvernünftig großen Mengen genossen wird. Das Prinzip „weniger ist mehr" gilt für die Anwendung aller Heilpflanzen und ganz besonders für Gewürze. Einen Gewöhnungseffekt vermeidet man am besten durch Abwechslung. Anis, Fenchel und Kümmel können im Wechsel oder in Kombination verwendet werden. Sie ergänzen sich und entfalten ihre heilende Wirkung unter anderem in einem Leinsamen- oder Schachtelhalmtee. Dasselbe gilt auch für eine Mischung aus Anis, Kardamom und Nelken. Mischen Sie nach Ihren eigenen Empfindungen. Hier eines meiner Rezepte:

Anis-Beifuß-Aperitif

Zutaten: ³/₄ Liter Wein (weißer oder roter trockener Bio-Wein) oder
³/₄ Liter Apfelwein (naturrein)
3 bis 4 Eßlöffel frischer Beifuß
1 Teelöffel zerstoßene Aniskörner

Zusätze: 2 Eßlöffel frischer Borretsch (Blüten und Blätter)
1 Teelöffel Fenchel, Kümmel und Anis *oder*
1 Teelöffel Anis, Kardamom und Nelken,
Honig

Zubereitung

Kräuter und Gewürzsamen in dem Wein ansetzen, 24 Stunden lang in einem verschlossenen Gefäß ziehen lassen und abseihen. Der Honig wird in etwas Wein im warmen Wasserbad aufgelöst und dann dem Kräuterwein zugefügt. Gut durchschütteln!

Wirkungsbereich

Dieser Wein fördert die Verdauung und hat eine anregende Wirkung auf den Stoffwechsel. Leber und Galle werden günstig davon beeinflußt. Außerdem ist er magenstärkend und appetitanregend. Die Heilwirkungen von Anis und Beifuß ergänzen und verstärken sich auf wunderbare Weise. (Zur Wirkung des Borretsch in Verbindung mit Beifuß siehe Seite 182/183.) In einem Heilpflanzentee (z.B. Leinsamentee) können 1 bis 2 Eßlöffel dieses Weines sehr wohltuend wirken. Diese Mischung eignet sich auch zur kurmäßigen Anwendung. Wenn dieser Wein einen guten Einfluß bei Pilzerkrankungen haben soll, darf kein Honig zugesetzt werden. Anis und Fenchel vertragen sich nicht gut mit Essig und Zitronensaft, wohl aber mit Wein. Dieser Anis-Beifuß-Aperitif wärmt Herz und Seele, läßt Ängste verschwinden und schenkt Selbstvertrauen und Geborgenheit.

WARUM HONIG UND KEIN ZUCKER?

Es macht mir Freude, über Honig, dieses wertvolle Geschenk aus dem Schatzkästlein der Natur, zu schreiben. Ein mit Honig gesüßter Heilpflanzentee schmeckt nicht nur köstlich, sondern bringt auch medizinisch gesehen viele Vorteile. Mehrmals habe ich gehört, daß Honig abqualifizierend als „auch nur Zucker" bezeichnet wurde. Das ist angesichts der vielen wissenschaftlichen Untersuchungen, welche die unterschiedlichen Wirkungen von Honig und weißem Zucker in unserem Körper zum Thema hatten, alles andere als angebracht.

Honig ist eine flüssige, dickflüssige oder kristalline Substanz, die von Bienen erzeugt wird, und Honig ist nicht gleich Honig. Die Zusammensetzung seiner Inhaltsstoffe unterliegt Schwankungen, ist also nicht konstant, aber immer enthält Honig eine Vielzahl von Stoffen in einem außergewöhnlich ausgewogenen Verhältnis. Einzeln eigenommen wären diese Inhaltsstoffe kaum von Bedeutung, aber im Zusammenspiel haben sie eine sehr positive Wirkung auf die physiologischen Abläufe in unserem Körper.

Honig besteht zu etwa 38 Prozent aus Fruchtzucker (Fruktose), zu etwa 32 Prozent aus Traubenzucker (Glukose), zu etwa 5 Prozent aus Mehrfachzucker (Polysaccharide), zu etwa 20 Prozent aus Wasser und zu etwa 5 Prozent aus 180 bisher nachgewiesenen anderen Substanzen. Zu diesen gehören Mineralstoffe wie Kalium, Kalzium, Natrium, Phosphor, Magnesium; Spurenelemente wie Eisen, Kupfer, Chrom, Mangan; Vitamine wie B1, B2, B6 und C (keine fettlöslichen); Aminosäuren, Enzyme, Aromastoffe, ätherische Öle, Säuren und so weiter.

Glukose ist ein Energieträger und wird vom menschlichen Körper ständig in Energie umgewandelt. Schon zwei Minuten nach Einnahme ist die im Honig enthaltene Glukose im Blut nachweisbar, weil sie nicht erst verdaut werden muß. Von wesentlicher Bedeutung ist, daß der Zucker im Honig bereits in Glukose (Traubenzucker) und Fruktose (Fruchtzucker) gespalten (invertiert) ist. Die wenigen Polysaccharide (Mehrfachzucker) können von dem ebenfalls im Honig enthaltenen Vitamin B1 langsam gespalten werden. Daher entsteht nach dem Genuß von Honig sehr selten das dringende Bedürfnis nach mehr Süßem.

Honig hat auch einen positiven Einfluß auf die Leber. Durch seinen Gehalt an Azetylcholin und Cholin wirkt er Leberverfettung entgegen. Außerdem wirkt er desinfizierend und schleimlösend und stärkt sowohl das Immunsystem als auch das Nervensystem. Bei Entgiftungs- und Reinigungskuren hingegen ist Honig nicht angebracht, weil er die Wirkung von bitterstoffhaltigen Heilpflanzen, die reinigend und entgiftend auf den Stoffechsel wirken, beeinträchtigt.

Im Gegensatz zum Honig ist weißer Zucker ein rein chemisches Isolat. Ihm fehlen sämtliche Mineralstoffe, Spurenelemente und Vitamine, ganz besonders das Vitamin B1, und auch Enzyme, die gebraucht werden, um diesen Zweifachzucker (Saccharose) in Fruchtzucker und Traubenzucker zu spalten. Da der weiße Zucker die zur Spaltung notwendigen Substanzen (Enzyme) nicht enthält, müssen diese vom Körper selbst zugesetzt werden. Dem Körper werden also Substanzen entzogen, und zwar besonders Vitamin B1, weil die enzymatische Zuckerspaltung nur in Anwesenheit von Vitamin B1 vonstatten geht (Vitamin B1 ist ein Baustein des Enzyms).

Weißer Zucker ist aber nicht nur ein Vitaminräuber, der dem Körper aktive biologische Bausteine entzieht, er stört auch die normalen Abläufe und greift in das Stoffwechselgeschehen ein. Weißer Zucker und die aus ihm hergestellten Produkte schädigen unsere Gesundheit auf der ganzen Linie. Er schwächt unser Immunsystem und macht uns anfällig für Infektionen. Wie das vor sich geht, ist leicht zu erklären. Auf den Genuß des übersüßen weißen Zuckers folgt ein plötzlicher, rapider Anstieg des Blutzuckerspiegels, der durch die Glukose ausgelöst wird, die sofort ins Blut geht. Darauf reagiert eine normal funktionierende Bauchspeicheldrüse mit einer entsprechenden Insulinausschüttung. Da nun gleichzeitig der normalerweise im Blut vorhandene Zucker abgebaut wird, sinkt der Blutzuckerspiegel unter den normalen Wert. Wir haben es mit einer Unterzuckerung (Hypoglykämie) zu tun. In diesem Zustand ist man infektionsanfällig, besonders für Viruserkrankungen. Außerdem kommt ein Hungergefühl auf, obwohl der Körper gar keine Nahrung braucht. Wenn dieser „falsche Hunger" wieder mit Zuckerhaltigem gestillt wird, beginnt der Teufeskreis von neuem. Auch die Bauchspeicheldrüse wird durch dieses ständige Auf und Ab geschwächt.

Die Geschmacksrichtung Süß wird uns sozusagen in die Wiege gelegt. Sie ist als erste ausgeprägt und dominiert alle anderen Geschmacksrichtungen (Salzig, Sauer, Scharf, Bitter und Zusammenziehend). Auf das Wort „süß" in seiner übertragenen Bedeutung (hübsch, angenehm, niedlich) und auf dem Geschmack süß = köstlich reagieren fast alle Menschen positiv. Süß im Übermaß hingegen macht abhängig, führt zu Schlaffheit, Trägheit, Fettsucht und ebnet den Weg für zahlreiche Krankheiten. Dieses entartete Süß raubt nicht nur dem Körper Vitamine, es beraubt den Menschen seiner Lebensfreude.

Das Süß, auf das die Bienen und andere Insekten „fliegen", enthält die lebenspendende Energie von Pflanzen, die idealerweise auf dem Heimatboden des Menschen wachsen, der den Honig später zu sich nimmt. Von besonders hochwertiger Qualität ist der Honig der Imker, die ihre Bienen liebevoll behandeln und auf ihr Wohlbefinden achten und die vielleicht noch wissen, was Heilkundige aller Zeiten wußten, nämlich, daß der Nektar der Blüten, die man auf Heimatboden findet, eine besonders energetisierende Wirkung hat. Dieses wahre Süß steht für Geborgenheit, Gemütlichkeit, Trost, Hoffnung, Zufriedenheit und sogar Liebe und ist eine Verjüngungsmittel für Herz und Seele.

INGWER – der König der Gewürze

Der König der Gewürze gilt in seiner asiatischen Heimat als „universelle Medizin". Er wird vielseitig verwendet und fehlt in kaum einer Küche. Man liebt ihn! Ich liebe ihn auch; und das schon seit vielen Jahren. Jede Ingwerwurzel, die ich kaufe, suche ich sorgfältig aus. Sie muß fest sein, nicht weich und wabbelig oder trocken und strohig. Man bewahrt sie nicht im Kühlschrank auf. In einem Weidenkörbchen bleibt sie lange (vier bis sechs Wochen) frisch. Das ist schön, weil man meistens nur ein Stückchen von ihr abschneidet. Um die Schnittstelle braucht man sich nicht zu kümmern. Sie verschließt sich von selbst. Wenn meine Wurzeln nach einigen Tagen kleine gelbe Warzen bekommen, freue ich mich über dieses Zeichen von Lebendigkeit und Kraft. Die Wurzel versucht auszutreiben.

Das ist sehr wichtig, denn wenn die Wurzeln radioaktiv bestrahlt worden sind, wie es leider bei so vielen importierten Nahrungsmitteln der Fall ist, sind sie nicht mehr lebendig. Und von toten Wurzeln kann man keine leben- und energiespendende Wirkung mehr erwarten.

Ingwer wird frisch, getrocknet und pulverisiert angeboten. In Verbindung mit den Heilkräutern aus Wald und Flur ist die frische Ingwerwurzel der getrockneten vorzuziehen. Die unterschiedliche Wirkung frischer und getrockneter Wurzeln läßt sich, wenn es angebracht ist, auch kombiniert nutzen. Getrockneter Ingwer ist schärfer, stärker erwärmend und trocknet die Schleimhäute mehr aus. Bei starkem Schnupfen kann das sehr angebracht sein. Der

Ingwer (Zingiber officinale)

frische Ingwer wirkt stärker schleimlösend und ist im Geschmack milder und fruchtiger. Für die Küche ist sowohl der frische als auch der getrocknete Ingwer geeignet.

Ein Stückchen geriebener oder gewürfelter frischer Ingwerwurzel gibt Gemüsegerichten einen pikanten Geschmack und macht sie sehr leicht verdaulich. Spinat und alle spinatartig zubereiteten grünen Blätter wie Brennnessel, Taubnessel, Giersch, Bärenklaue u.a. wirken, wenn sie mit Ingwer zubereitet werden, blutreinigend und heilsam bei vielerlei Beschwerden. Besonders im Frühling wird alles „Grün", gewürzt mit Ingwer, zu Nahrung, die wie Medizin wirken kann. „Eure Nahrung soll eure Medizin sein."

Heilende und wohltuende Nahrung ist auch mit Ingwer zubereitetes Gebäck wie Ingwerbrot, Ingwerkekse und Ingwerkuchen. In der kalten Jahreszeit sind diese heilkräftigen Delikatessen besonders gesundheitsfördernd. Zum Backen verwende ich hauptsächlich pulverisierten, getrockneten Ingwer. Ingwerkuchen ist mein Lieblingsgebäck, nicht nur weil er so „supergesund" ist. Ich liebe sein würziges Aroma. Seine Ausstrahlung verbreitet ein wunderbares Gefühl von Gemütlichkeit und Wärme. An einem kalten Wintertag kann ein so wohltuendes Gebäck uns liebevoll von innen erwärmen.

Wie wäre es, verwöhnen wir uns ein wenig: ein Täßchen Kakaoschalentee, verzaubert von unserer mexikanischen Königin Vanille und einem Sahnehäubchen, dazu ein Stückchen würzigen Ingwerkuchen (eventuell mit geschlagener Banane und Sahne), vielleicht bei Kerzenschein serviert... Keine Zeit? Es muß ja nicht unbedingt Stunden dauern. Ein paar Verwöhnminuten können Wunder wirken. Sie sind wohltuend für den ganzen Körper, anregend für den Geist und erfreuen die Seele, so daß ängstliche und depressive Stimmungen schwinden. „Verwöhnminuten" sind ein notwendiger Luxus!

Die Verwendungsmöglichkeiten unserer „Wunderwurzel" sind erstaunlich vielseitig. Nicht ohne Grund wird sie als „universelle Medizin" angesehen. Sie reguliert die Verdauung. Eigenartigerweise wirkt sie sowohl gegen Verstopfung als auch gegen Durchfall und ist ein Antiemetikum. Bei Erkältungen, Husten, Schnupfen, Heiserkeit sowie Kopfschmerzen und vielen anderen Beschwerden ist sie ebenfalls hilfreich. Mit Honig wird die schleimlösende Wirkung gefördert; durch den Zusatz von Salz (Steinsalz wird in Asien bevorzugt, weil es etwas leichter ist) ist der Einfluß auf die Verdauung (auch Blähungen) stärker. Warmes Ingwerbier (Gingerale) mit einem Löffel kaltgepreßtem Olivenöl ist zum Beispiel ein sehr gutes Mittel gegen Verstopfung.

Man sagt außerdem, daß Ingwer ein Herztonikum ist und auch bei rheumatischen Beschwerden eine sehr gute Wirkung haben soll.

Abgesehen von der breitgefächerten Wirkung, die unsere „Wunderwurzel" selbst hat, wird durch ihren Einfluß die Aufnahmebereitschaft des Organismus gefördert. Ohne diese Aufnahmebereitschaft werden die wertvollsten, dem Körper zugeführten Substanzen nicht nutzbringend sein, weil sie nicht verwertet werden können. Wohl bekannt ist zum Beispiel, daß Verschleimungen im Körper einen guten Nährboden für Bakterien und Viren bilden und die Anfälligkeit für bestimmte Erkrankungen erhöhen.

Diese Tatsache allein sollte uns veranlassen, Verschleimungen entgegenzuwirken und sie in einem normalen Rahmen zu halten.

Verschleimungen können aber auch die Funktionen einzelner Organe so beeinträchtigen, daß der ganze Körper in

Mitleidenschaft gezogen wird. Betroffen sind meist die Atem- und Verdauungswege, Lunge, Magen und Darm. Der Schleim kann blockierend wirken und sowohl die Aufnahme von Sauerstoff und Nährstoffen behindern als auch die Ausscheidung von Abfallprodukten beeinträchtigen, so daß es zu Ablagerungen und Degenerationen kommen kann. Chronische Verschleimungen stehen außerdem im Verdacht, gutartige Tumorbildungen zu fördern.

Von der Notwendigkeit, die Schleimhäute aufmerksam zu pflegen und ihre normalen Funktionen zu unterstützen, habe ich mich in Indien überzeugen lassen. Dort hat man erstaunlich viele unterschiedliche Methoden entwikkelt, die der Pflege, Stärkung und Reinigung der Schleimhäute dienlich sind.

Die Schleimhäute haben einen indirekten Einfluß auf das endokrine System, das Drüsensystem unseres Körpers, weil sie bei Verschleimung die vielfältigen Funktionen der Hypophyse, der Königin der Drüsen, behindern und stören können. Damit noch nicht genug, sie können auch eine bewußte Wahrnehmung, wie sie durch bestimmte Atem- und Yogaübungen angestrebt wird, herabsetzen, wenn nicht sogar gänzlich verhindern.

Damit dürfte deutlich geworden sein, warum unser König der Gewürze als universelle Medizin angesehen wird.

Im Übermaß mißbraucht werden möchte er natürlich nicht, man darf aber großzügiger mit ihm umgehen als mit anderen Gewürzen. Nicht angebracht ist er bei Magenschleimhautentzündungen, Geschwüren und Blutungen. In Verbindung mit ausgewählten Heilpflanzen läßt sich Ingwer kurmäßig anwenden. Der Wirkungsbereich der Heilpflanzen kann durch den Ingwer erweitert und verstärkt werden. Unser König regiert gern allein. In seinem Gefolge liebt er Zimt, Kardamom und Nelken, manchmal auch eine Prise Pfeffer. Er macht sich aber immer deutlich bemerkbar und zeigt, wer er ist.

Auf eine wirklich liebevolle Beziehung läßt er sich nur mit der mexikanischen Königin Vanille ein. Ihr lieblicher Zauber nimmt ihm seine Schärfe und verleiht ihm Milde und Harmonie. Sie herrschen wohltuend gemeinsam, sind aber nicht verheiratet. Zu häufig kombinieren sollte man sie also nicht.

Habe ich Sie neugierig gemacht? Das wäre wunderbar.

Ingwer ist kurmäßig anwendbar, etwa 8 bis 10 Tage lang und das ganze Jahr über. Im Wechsel mit anderen Gewürzen hat er sich hervorragend bewährt. Ganz besonders hilfreich erleichtert er uns den Übergang in eine andere Jahreszeit und versteht es, vor empfindlicher Wetterfühligkeit zu schützen.

Bei abnehmendem Mond wird seine reinigende Wirkung verstärkt. Bei zunehmendem Mond verstärkt er die Aufnahmefähigkeit des Organismus und beeinflußt alle Gewebselemente günstig.

KARDAMOM – ein edles Gewürz mit Charakter

Kardamom ist verwandt mit unserem König der Gewürze, dem Ingwer. Sie gehören beide zur großen Familie der Gewürzlilien (Schamineen). Indien, das Land der Gewürze, ist die Heimat des Kardamom, von dem es dort viele Sorten gibt.

Am bekanntesten ist Kardamom Elettaria, eine wärmeliebende Pflanze, die in Südindien und Sri Lanka unter hohen Bäumen wächst, die sie vor den Strahlen der Sonne schützen. Angebaut wird sie auch in Zentralamerika und Burma; selbst in einer Höhe von 2000 Metern kann man diesem Gewürzlilien-Gewächs noch begegnen.

Kardamom ist ein edles Gewürz, das in Asien geliebt, verehrt und sehr häufig gebraucht wird. Verwendung finden die Fruchtkapseln mit den darin befindlichen Samen, die fein zerstoßen oder gemahlen werden, wenn eine milde Würze gewünscht wird. Am wertvollsten aber sind die frisch gemahlenen oder grob zerdrückten Samenkörnchen pur. In diesen hocharomatischen Samen sind die Geschmacksrichtungen Scharf und Süß vorherrschend, wobei das Süß von lieblich in sich verborgenem Charakter ist.

Diese Eigenschaften können unter anderem hilfreich sein, um einen verlorengegangenen Geschmackssinn zu regenerieren, ähnlich wie die Geschmacksrichtung Bitter helfen kann, einen verwirrten Geschmackssinn zu normalisieren.

Erloschene oder geminderte Geschmacksempfindungen sind tiefgreifende Störungen, die meist durch Virus-Erkältungen, aber auch durch andere, unklare Einflüsse verursacht werden. In Indien hält man einen Mangel an oder ein chronisches Ungleichgewicht von Spurenelementen, besonders Zink, als Ursache für möglich. Auch seelische Faktoren werden mitverantwortlich gemacht, denn man geht davon aus, daß unsere Geschmacks- und Geruchsempfindungen eng mit unseren Gefühlen in Verbindung stehen. Nachdrücklich wurde auf Depressionen und ihre schädigenden Einflüsse auf unsere Sinneswahrnehmungen hingewiesen. Aber auch Gefühle wie Angst (zusammenziehend, verkrampfend), Kummer und das Gefühl, benachteiligt zu sein (bitter, verbittert), Zorn und Haß (scharf und sogar blind) und Neid (sauer) haben eine oft unterschätzte psychosomatische Wirkung, die ungeheuer mächtig sein kann.

Kardamom kann umstimmend auf Konzentrationsschwäche, Gedächtnisstörungen und Koordinationsschwierigkeiten wirken, einen nervösen Geist beruhigen und anregend für neue Klarheit sorgen. Auch sogenannte Alterserscheinungen werden günstig davon beeinflußt. Es ist ganz egal, wie alt man ist, solange man lebt, ist alles möglich – auch Unmögliches!

Kardamom wirkt vorteilhaft auf die Milz und vermag Lunge und Magen von Verschleimungen zu befreien. Es wird oft Arzneien beigegeben, um diese verträglicher zu machen und ihren Geschmack zu verbessern. Für sensible Menschen, die zu Verdauungstörungen und Magenbeschwerden neigen, soll Kardamom eines der besten und verträglichsten Mittel sein; es beruhigt sogar nervöse Kinder. Ein Fencheltee, mit Kardamom zubereitet, kann eine wahre Wohltat für das Verdauungs- und Nervensystem sein.

Kardamom wirkt anregend auf Herz und Kreislauf, was bei zu niedrigem Blutdruck von Bedeutung ist. Vorsichtig muß man mit diesem anregenden Gewürz bei zu hohem Blutdruck sein. In einem Weißdorntee verstärkt Kardamom die regulierende Wirkung auf Herz und Kreislauf, ganz abgesehen davon, daß er dem Tee ein wohltuendes Aroma verleiht. In einem Nieren- und Blasentee wirkt Kardamom durch seine desinfizierenden Eigenschaften Infektionen entgegen. In einem Bronchialtee entwickelt er seine schleimlösende, antiseptische Wirkung, denn das im Kardamom enthaltene ätherische Öl wird von den Lungen abgesondert.

Asthmakranke sollten allerdings sehr vorsichtig mit Kardamom umgehen. Im allgemeinen lösen zarte Dosierungen zwar keinen Anfall aus und auch keine Allergien; aber nachdem Überempfindlichkeiten derart zugenommen haben, daß es keine allgemein gültigen Regeln mehr gibt, muß jeder das richtige Maß für sich finden.

Mein geliebter Kardamom (nicht alle Gewürze sind meine Lieblinge, mit einigen bin ich nur hin und wieder mal enger befreundet) hat mir einmal geholfen, eine sehr quälende Allergie zu überwinden, die mit den Symptomen einer Erkältung nahte. Meine Widerstandskräfte, die bei meinem von Natur aus zu niedrigen Blutdruck manchmal zu schlafen scheinen, rüttelte ich damals auf, indem ich bei den ersten Anzeichen der Allergie eine sorgfältig zubereitete Tasse Kaffee mit Kardamom, manchmal mit einem Löffel Honig und Sahne, trank. Dies wirkte so anregend und mobilisierend, daß ich der Allergie besser widerstehen konnte.

Den Kaffee allein hätte mein Magen gar nicht vertragen. Durch Kardamom wurde er verträglicher und das Koffein entgiftet. Mißbrauch von Kaffee wäre mir damals und auch heute nicht eingefallen. Es war aber nicht nur der Kardamom-Kaffee, der mir half, die Allergie zu besiegen. Ich schenkte unter anderem meiner Ernährung besondere Aufmerksamkeit und achtete darauf, daß mein Körper in ausreichendem Maße mit aktiven biologischen Wirkstoffen (vor allem Vitamin C und Vitamine des B-Komplexes) versorgt war.

Wesentlich scheint mir jedoch, daß ich durch diesen Kardamon-Kaffee an Zuversicht und Kraft gewonnen habe. Er war sozusagen mein Verbündeter im Kampf gegen die Allergie, der meine Abwehrkräfte nicht erzeugt, wohl aber mobilisiert hat. Mit Geduld, Dankbarkeit und Liebe baute ich sie nach jeder Attacke wieder auf und wurde widerstandsfähiger als je zuvor.

Für diese Herausforderung (dieses Notsignal) war ich im nachhinein sehr dankbar, denn sie hat meine Aufmerksamkeit für die Bedürfnisse meines Körpers geweckt und mir zu mehr Körperbewußtsein verholfen.

Meine liebe Freundin Neva, die mir die Weisheiten der Indianer so eindrucksvoll vermittelt hat, machte mich auch mit einem Gedanken vertraut, den ich mir zu Herzen nahm: „Wahre Wünsche werden im Herzen geboren. Sie lassen sich verwirklichen, weil sie einem inneren Bedürfnis entsprechen." Zur Verwirklichung des Wunsches können wir unseren Willen einsetzen, aber der Wille muß durch den Wunsch genährt und gestärkt werden, denn allein, ohne die Nahrung, die von Herzen kommt, erlahmt er leicht und wird schwach. Unser Wille, der vom Herzen genährt und vom Verstand geführt wird, wird für uns arbeiten und uns mit der Verwirklichung unseres Wunsches beschenken.

KORIANDER – der Liebling des Hippokrates

Koriander lernte ich in den kunstvoll gewürzten Gerichten der indischen Küche kennen und lieben. Die Pflanze ist zwar nicht in Indien beheimatet, sondern soll ursprünglich aus dem Orient stammen, erfreut sich aber dennoch größter Beliebtheit in ganz Asien. Ihre hübsch gefiederten Blätter, werden in Indien und China ähnlich verwendet wie bei uns Petersilie. Samen und Kraut weiß man auch in Südeuropa, Lateinamerika, der Türkei und Georgien als Gewürz zu schätzen.

Als Gewürz- und Heilpflanze wird der Koriander bereits in altindischen Sanskrit-Schriften sowie in der ägyptischen, hebräischen und römischen Literatur erwähnt. Erstaunt hat mich, in Indien Literatur zu finden, die von Hippokrates, dem berühmten Arzt des Altertums, stammen soll und in der zum Teil unglaublich einfache Heilmethoden mit „lebendigem" Wasser, Heilpflanzen, Heilkräutern und Gewürzen beschrieben werden. Sicherlich kann man darüber streiten, ob diese Aufzeichnungen wirklich von Hippokrates stammen. Ich war dennoch für die Informationen dankbar. Aus welcher Zeit und von wem sie angeblich stammten, war für mich von untergeordneter Bedeutung.

Viele Medikamente enthalten Koriander als leicht verträgliches Umstimmungsmittel, das unterstützend mithelfen kann, den normalen Gesundheitszustand wiederherzustellen. Das kann bei Übelkeit, Unterleibsschmerzen, Allergien, Verdauungsbeschwerden und Halsschmerzen angebracht sein. Ganz besonders wurde der hervorragende

Einfluß von Koriander auf Nieren, Blase und Harnwege gelobt.

In Asien wird die Gesunderhaltung der Nieren sehr ernst genommen. Ihrer Pflege sollte besondere Aufmerksamkeit zuteil werden, denn bei allen Störungen und Erkrankungen im Körper werden die Nieren in Mitleidenschaft gezogen oder sind, wenn auch oftmals indirekt, mitbeteiligt. Diese Wasser- und Seelenorgane beeinflussen unsere Gesundheit als ganzes. Da die Nieren nicht mit Schmerznerven ausgestattet sind, nimmt man ihren Zustand erst wahr, wenn sie in ihrer Funktion gestört sind und ihre vielfältigen Aufgaben nicht mehr voll erfüllen können.

Eine vorbeugende Teekur mit Heilpflanzen und ausgewählten Gewürzen im Frühjahr und Herbst kann von unschätzbarem Wert für den gesamten Gesundheitszustand sein. Dabei kommt dem Koriander eine ganz besondere Bedeutung zu. Von seinem weitgefächerten Wirkungsbereich habe ich mich überzeugen und begeistern lassen.

Seine Eigenschaft, die innere Wärme sanft zu vermehren und die innere Kälte zu mindern, macht ihn mir äußerst sympathisch. Auch versteht er den Kreislauf anzuregen und zu stärken.

Seine hervorragenden Fähigkeiten reichen aber noch viel weiter. Bei aufbauenden Stoffwechselvorgängen wirkt er unterstützend und trägt zur Regenerierung und zum Aufbau von Körpersubstanz bei. Er ist von anabolischem Charakter. Anabolika sind Mittel, die in unserer modernen Zeit leider auch mißbraucht werden, um die Muskelkraft zu vermehren, von Sportlern zum Beispiel. Diese aufbauenden (anabolischen) Eigenschaften entwickelt der Koriander erst während einer kurmäßigen Anwendung, und das am wirkungsvollsten bei zunehmendem Mond.

Der zunehmende Mond ist bis etwa ein oder zwei Tage nach dem Vollmond von nicht zu unterschätzendem Einfluß. In Verbindung mit Koriander, müssen Heilpflanzen sorgfältig ausgewählt und aufeinander abgestimmt werden, um die optimale Wirkung zu erreichen. Sie sollten sich gegenseitig ergänzen, so daß ihre gemeinsame Wirkung verstärkt wird.

Zum besseren Verständnis einige Beispiele: Die Echte Waldgoldrute (Nieren, Harnwege, Blase) wird in ihren regenerierenden und aufbauenden Eigenschaften durch den Zusatz von Koriander aktiv unterstützt und wesentlich verstärkt. Eine Zubereitung aus Echter Waldgoldrute, Koriander und Safran, bei zunehmendem Mond kurmäßig angewendet, ist eine sich ergänzende und damit verstärkende Mischung.

Ackerschachtelhalm und Koriander wirken bei abnehmendem Mond entgiftend, entwässernd und reinigend.

Bei zunehmendem Mond werden die aufbauenden Fähigkeiten von Ackerschachtelhalm und Koriander aktiv gefördert, unterstützt und verbessert. Hier kann noch etwas Safran zugesetzt werden, um die ganzheitliche Wirkung zu erhöhen.

Koriander sorgt auch für eine gute Verträglichkeit von Speisen bei einem sensibel reagierenden Magen. Er ergänzt sich hervorragend mit Kreuzkümmel und Fenchel oder Anis, zum Beispiel in einem Leinsamen- oder Schachtelhalmtee. Koriander wirkt auch krampflösend, blähungshemmend und schleimlösend, was ihn zu einem echten Hausmittel macht.

Zur äußerlichen Anwendung kann pulverisierter Koriander in Salben verarbeitet werden, die heilend und blutstillend wirken.

Koriander darf großzügiger dosiert werden als manches andere Gewürz. Im indischen Currypulver, das sich die meisten Familien selbst nach eigenem Geschmack mischen, ist der Anteil von Koriander in der Regel erstaunlich hoch. Fertige Gewürzmischungen kennt man in Indien kaum, und in Verbindung mit Heilpflanzen sind sie auch völlig ungeeignet. Gewöhnen Sie sich also an, Ihre Mischung immer selbst nach Bedarf zusammenzustellen.

Eine kurmäßige Anwendung von Koriander in Verbindung mit Heilpflanzen ist nicht an eine bestimmte Jahreszeit gebunden. Beginnen sollte sie allerdings immer bei abnehmendem Mond, denn das erste Ziel, die Reinigung und Entgiftung, wird bei abnehmendem Mond einfacher erreicht.

Der zunehmende Mond unterstützt die anabolischen Kräfte des Koriander. Aufbau, Regenerierung und Kräftigung werden von den Kräften des zunehmenden Mondes wirkungsvoll unterstützt.

Auch Hippokrates war sich der Bedeutung der Himmelskunde sowie der Beachtung natürlicher Rhythmen und Kreisläufe bewußt: „Wer Medizin betreibt, ohne den Nutzen der Bewegung der Sterne zu berücksichtigen, ist ein Narr."

Bei einer längeren kurmäßigen Anwendung von Koriander ist etwas Vorsicht geboten, wenn das Nervensystem mit Energie unterversorgt ist. Dies ist zum Beispiel bei ständiger Unterzuckerung (Hypoglykämie) der Fall. Zu einer Unterzuckerung kann es durch zuckerhaltige Getränke, Süßigkeiten und denaturierte Nahrungsmittel, die Stärke und Fabrikzucker enthalten, kommen. Auch auf zuviel Streß reagiert der Körper, indem er seine Zuckerreserven mobilisiert und ins Blut holt, um das Nervensystem mit Energie zu versorgen. Auf den dadurch erhöhten Blutzuckerspiegel kann die Bauchspeicheldrüse gereizt mit einer erhöhten Insulinausschüttung reagieren.

Fällt diese Ausschüttung ständig zu hoch aus, so kann dies ernste Störungen verursachen.

Was kann man gegen Unterzuckerung tun? Es gibt viele Möglichkeiten, und die einfachste und deshalb leicht übersehene ist oft die beste. Fügen Sie Ihrem Heilkräutertee mit Koriander einen kleingeschnittenen Apfel (möglichst einheimisch und nicht gespritzt) mit Schale und Kerngehäuse bei. Der Apfel gibt außer seinen wertvollen Inhaltsstoffen ein liebliches Aroma in Ihr Gesundheitsgetränk und bringt Harmonie. Auf diesen Zucker im Tee wird keine Insulinausschüttung zu befürchten sein.

KURKUMA – ein goldgelber Verwandter des Ingwer

Die Wurzel dieser uralten indischen Kulturpflanze (Curcuma longa) wird in Asien zu Heilzwecken und als Gewürz verwendet. Sie ist weit verbreitet, sehr beliebt und wird zum Würzen großzügig, fast wie Salz gebraucht. Anbaugebiete gibt es in China, Java, Thailand, auf den Philippinen, auf Formosa und sogar in Ostafrika und Haiti. In Currypulver-Mischungen ist dieser Verwandte des Ingwer reichlich vorhanden und gibt diesen ihre gelbe Farbe. In Indien gibt es eine andere Kurkuma-Art, die nicht eßbar ist und ausschließlich zum Färben verwendet wird; leider bekam ich sie während meines Aufenthaltes in Indien nicht zu sehen. Diesen goldgelben Wurzeln schreibt man außer vielseitigen Heilwirkungen besondere magische Kräfte zu. Farben werden in Indien als Kinder des Lichts gesehen, die mit ihren unterschiedlichen Schwingungen eine lebendige Sprache sprechen. Das intensive Sonnengelb der Kurkumawurzeln ist in der Tat bestechend und wird noch um einiges faszinierender, wenn sich das Gelb in einer alkoholischen Lösung in ein helles Rot verwandelt. Farben sollen einen ungeheuren Einfluß auf den menschlichen Geist haben, und man versicherte mir, daß sie auch in unterschiedlicher Intensität magische Kräfte besitzen.

Bei diesen interessanten Ausführungen kam mir unser Schöllkraut in den Sinn. Diese Heil- und Giftpflanze enthält in ihren oberirdischen Teilen einen hell- bis goldgelben Saft, und in ihrer Wurzel schwingt ein mit Orange gemischter bis tief ins Gold gehender Farbton. Dieser faszinierenden Heilpflanze, die bei falscher Dosierung und

Anwendung giftig sein kann, schrieb man in der Signaturenlehre ebenfalls magische Kräfte zu. Farben sowie Gestalt, Form, Geruch, Ausstrahlung und Geschmack einer Pflanze gehörten zu den Kennzeichen, die man mit bewußter Wahrnehmung lesen und interpretieren konnte. Diese Signaturenlehre geht auf die Bronzezeit zurück. Seit dem Mittelalter verflachte sie mehr und mehr, weil nur noch wenige Menschen die inneren Zeichen einer Pflanze in der Natur lesen konnten.

Die Heilkräfte der Kurkumawurzel waren bereits im frühen Mittelalter in Europa bekannt. Diese Wunderwurzel, die von arabischen und persischen Ärzten hochgeschätzt wurde, kam wahrscheinlich ursprünglich durch arabische Kaufleute in die Mittelmeerländer.

Hildegard von Bingen nannte sie in ihren Aufzeichnungen Zitwer-Wurzel. In den Erfahrungsberichten der heiligen Hildegard wird die goldgelbe Zitwer-Wurzel als magenstärkend, appetit- und verdauungsanregend und zur Herzstärkung sowie gegen Kopfschmerzen hochgelobt. Bei allerlei Vergiftungen wurde sie als Gegenmittel eingesetzt. In ihrer Heimat wird der goldgelben Wunderwurzel ein noch sehr viel umfassenderer Wirkungsbereich zugeschrieben, der auch für uns bedeutungsvoll sein kann.

In seinen charakteristischen Eigenschaften unterscheidet sich Kurkuma wesentlich von seinem adligen Verwandten, dem Ingwer, obwohl sie viele Gemeinsamkeiten haben.

Bei vielen Hautbeschwerden wird die durchblutungsfördernde, entzündungshemmende, desinfizierende, die Hautfunktionen regulierende Wirkung der Kurkumawurzel hochgelobt. Bei rheumatischen Beschwerden ist sie innerlich und äußerlich anwendbar. Ein wahres Hauttonikum kann sie in Verbindung mit Honig sein.

Ganz besonders hervorzuheben sind ihre antiallergenen Eigenschaften, die leicht nachvollziehbar sind, wenn man sich näher mit ihren Wirkungsbereichen vertraut macht. Zum Beispiel hilft Kurkuma, als Gewürz verwendet, bei der Eiweißverdauung und wirkt damit den heute so weitverbreiteten Eiweißunverträglichkeiten entgegen, die oft zu allergischen Reaktionen in vielfältigen Erscheinungsformen führen.

Außerdem beeinflußt Kurkuma den Stoffwechsel und wirkt anregend und regulierend auf die Verdauung. In Indien wird die goldgelbe Wunderwurzel als natürliches Antibiotikum gepriesen.

Die Nieren werden in Asien als „Hüter der Gesundheit" angesehen, aber es ist auch bekannt, daß „der Tod im Darm sitzt". Eine gestörte Darmflora ist für vielerlei Beschwerden mitverantwortlich und schwächt den gesamten Organismus.

Natürlich kann man nicht erwarten, daß die Anwendung von Kurkuma das Verändern falscher und ungesunder, aber geliebter Ernährungsgewohnheiten überflüssig macht. Zwar kann die Wunderwurzel Symptome lindern, aber man sollte sich dennoch immer bemühen, die Ursache der Störungen herauszufinden. Dann kann man sie Schritt für Schritt beseitigen, auch wenn es manchmal lange dauert. Leider ist die notwendige Ordnung mit dem Beseitigen der Ursache nicht unbedingt gleich wieder hergestellt. Hier kann Kurkuma regulierend helfen und für Ordnung und Gleichgewicht sorgen.

Wie kann man diese vielseitige Wunderwurzel nun möglichst nutzbringend einsetzen?

Im Handel ist sie meist in pulverisierter Form erhältlich. In Spezialgeschäften bekommt man die Wurzel sicherlich auch ungemahlen. Als Gewürz wird sie Gemüsegerichten, Salaten, Brotaufstrichen und so weiter immer nur wohldosiert beigegeben. Sie zaubert goldenes Licht und schmeckt delikat, so daß unsere Speisen zu einer kulinarischen Medizin werden.

In Salben, Cremes und Tinkturen für die Haut kann sie sich zusammen mit ausgesuchten Heilpflanzen aus Wald und Flur voll entfalten.

In Heilkräutertees verstärkt sie den spezifischen Wirkungsbereich der Heilpflanzen und unterstützt die jeweils gewünschte Wirkung durch eigene Eigenschaften. In einem Erkältungstee zum Beispiel entwickelt sie ihre entzündungshemmende, schleimlösende und desinfizierende Wirkung und beeinflußt die Atemwege günstig.

In einem Kräutertee mit ganz spezieller Wirkung auf die Verdauung und auf den Stoffwechsel wird Kurkuma als bakterizides Mittel die Darmflora verbessern und die Verdauung fördern. In Verbindung mit Heilpflanzen, die unter anderem Kieselsäure enthalten, wie Schachtelhalm und Beinwell, der außerdem die Zellerneuerung fördert, soll Kurkuma ein gutes Mittel sein, um den Knochenbau zu stärken und die Bänder elastisch zu erhalten.

Mein Bericht über diese asiatische Wunderwurzel wäre unvollständig, würde ich nicht noch einmal auf die ihr zugeschriebenen „magischen" Kräfte eingehen. Kurkuma soll die Fähigkeit haben, die Energiebahnen des feinstofflichen Körpers, Nadis genannt, zu reinigen und zu klären und Blockaden zu lösen. Das intensiv goldene Gelb der Wurzel steht für die Farbe der Sonne und des Lichts. Licht ist die überall anwesende und das ganze Weltall durchdringende „Lebensstrahlung". Jede Farbe soll Ausdruck einer besonderen Lichtschwingung sein, und intensive helle Lichtfarben können Licht zurückstrahlen, während dunkle Farben Licht schlucken. Das erklärt vielleicht, warum unserer goldenen, lichtfarbenen Wunderwurzel höhere, ja magische Kräfte zugeschrieben werden, die harmonisieren und den Menschen für „göttliche Energie" empfänglich machen.

In den Vereinigten Staaten von Nordamerika wächst ein anderer Verwandter des Ingwer. Im Laufe der Jahre begegnete mir diese indianische Wunderwurzel unter verschiedenen Namen: Kanadische Gelbwurz, Hydrastis canadensis, Golden Seal, Orange Eyeroot.

Meine kanadische Freundin Neva machte mich in den sechziger Jahren damit bekannt. Das war die Zeit, in der man erstaunlich großzügig und bedenkenlos mit Antibiotika umging und selbst kleinste Erkältungssymptome damit „niederknüppelte". Aber bald schon wurde man aus Erfahrung nicht unbedingt klug, aber vorsichtiger und suchte nach Mitteln, die weniger Nebenwirkungen hatten. Neva erzählte mir von der berühmten indianischen Wunderwurzel Golden Seal mit ihren antibiotischen Kräften und den magischen Energien der „göttlichen Mutter Erde".

Die Medizinmänner nutzten die Kräfte dieser Wunderwurzel seit uralten Zeiten in unterschiedlichsten Formen mit großem Erfolg. Der Wirkungsbereich dieser indianischen Wunderwurzel ist dem der indischen sehr ähnlich. Sie besitzen beide entzündungshemmende, bakterizide, entkrampfende, beruhigende (auch gegen zu hohen Blutdruck) und viele andere gesundheitsfördernde Eigenschaften. Heute setzt man sie auch bei Pilzerkrankungen (Candida albicans) recht erfolgreich ein.

Es war mir damals unverständlich, warum diese Medizin der Indianer mit ihren antibiotischen Kräften, die bei richtiger Dosierung keine Nebenwirkung hat, nicht viel mehr genutzt wird.

„Das ist so eine Sache mit den Pflanzen", erklärte Neva. „Man kann ihre Kräfte wohl nutzen, aber niemand wird auf die in ihnen gefundenen natürlichen Substanzen ein Patent bekommen. Das Patent hat Mutter Natur, und im Interesse von Mutter Natur will man nicht unbedingt arbeiten. Die Indianer wissen nichts von Patenten. Um das Vertrauen der göttlichen Mutter Erde zu gewinnen, muß man sich in idealistischer Weise mit ihr verbinden, dann offenbart sie ihre Geheimnisse – beim Lauschen an rieselnden Bächen; unter den Bäumen des Waldes, die im Hauch des Windes flüstern; auf sonnendurchfluteten Wiesen, wo Gräser und Blüten hörbar wachsen, und an tosenden Wasserfällen und rauschenden Strömen."

Ich war sehr beeindruckt und dachte daran, daß die Weisen vergangener Zeiten sich ja auch nicht nur in ihre Studierzimmer zurückgezogen haben. Um die Natur zu erforschen und ihr näher zu kommen, gingen sie in die Natur. Wie wunderbar, daß wir heute mit wissenschaftlichen Analysen nachweisen können, daß das, was damals beobachtet, erfahren und durch Eingebung erkannt worden war, durchaus haltbar ist.

Sowohl die indische als auch die indianische Wunderwurzel hat einen günstigen Einfluß auf alle Gewebselemente. Bei mäßiger Dosierung zeigen sie keine Nebenwirkungen. Da sie beide über antibiotische Kräfte verfügen, sind Überdosierungen jedoch unbedingt zu vermeiden, besonders bei einer kurmäßigen Anwendung. Nicht angezeigt sind sie während der Schwangerschaft und bei Hepatitis.

Sie eignen sich zur kurmäßigen Anwendung, 10 bis 14 Tage lang in Verbindung mit ausgewählten Heilpflanzen. Im Wechsel mit anderen Gewürzen haben sie sich bestens bewährt.

An Jahreszeiten und Mondphasen sind sie nicht gebunden, aber bei den Heilpflanzen, mit denen sie kombiniert werden, sollte der natürliche Rhythmus beachtet werden.

LORBEER – edel, hilfreich und gut

Bereits im Altertum wurde der Lorbeerbaum in Kleinasien kultiviert. Er war ein angesehener Kultbaum und genoß göttliche Verehrung. Die Griechen der Antike gebrauchten ihn bei religiösen Handlungen und die Römer in Verbindung mit dem Jupiter-Kult als Triumph- und Siegeszeichen. Viele alte Aufzeichnungen künden von Erfahrungen mit den heilenden und reinigenden Wunderkräften des Lorbeerbaums. Er galt als Schutzbaum gegen Geister und Dämonen, die ansteckende Krankheiten auslösen konnten.

Seine antiseptischen Eigenschaften sollen in der Tat vor Bakterien und Viren (den sichtbar gemachten Dämonen) schützen, seine ätherischen Öle sollen die Seele vor bösem Zauber bewahren und klärend auf den Geist wirken.

Heute sind uns Lorbeerblätter als aromatisches Gewürz bekannt, das die Speisen leichter verdaulich macht. Ihre vielseitigen Heilwirkungen sind in Vergessenheit geraten. Sie wieder in Erinnerung zu bringen, ist sicherlich für viele Menschen interessant und aktuell.

Lorbeerblätter wirken entzündungshemmend und der Steinbildung in Nieren und Blase entgegen; auch sollen sie einen sehr günstigen Einfluß auf die Drüsen haben, besonders bei Schwellungen.

Das Pulver von Lorbeerblättern und -früchten (Apotheke), angerührt mit Honig, soll Altersflecken beseitigen und das ätherische Öl, in Salben verarbeitet, bei Entzündungen und Hautunreinheiten helfen. Blätter, Beeren und auch das Öl wirken anregend. Sie helfen, das Blut zu reinigen, und haben dadurch einen klärenden Einfluß auf die Haut.

Ein bis zwei Lorbeerblätter auf etwa einen Liter Heilkräutertee ist ausreichend dosiert. Sie passen besonders gut in einen Nierentee, aber eigentlich zu allen in diesem Buch angegebenen Heilkräutern. Lorbeerblätter dürfen häufig, aber sparsam verwendet werden, zur Daueranwendung sind sie jedoch nicht geeignet.

Für die Teezubereitung setzt man Lorbeerblätter in kaltem Wasser an, erwärmt sie langsam und läßt sie einmal aufkochen, bevor man die gewünschten Heilkräuter zusetzt.

Die Harmonie, die diese aromatischen Blätter des einstigen Schutzbaumes vieler Völker in unseren Heilkräutertee bringen, tut Herz und Seele gut und bewahrt vielleicht vor dem nicht gerade ungefährlichen Zauber der Neuzeit.

MOHNSAMEN –
ein vorzügliches Schlaf- und Nervenmittel

Mohn wächst in Indien seit Menschengedenken – weiß blühend mit weißlichen Samen und rosa blühend mit blaugrauen Samen. Man spricht von Schwarzem und Weißem Mohn. Der Weiße Mohn wird im allgemeinen bevorzugt und ist auch arzneilich vorgeschrieben. Der Heilwert, das Aroma und auch der Ölgehalt sollen aber in beiden Sorten fast gleichwertig sein. Aus dem Mohnsaft – *nicht aus dem Samen* – wird das Opium gewonnen. Die frischen, unreifen Mohnkapseln werden angeritzt, und es fließt Mohnsaft, der sich verhärtet. Die Mohnsamen enthalten kein Opium. Sie sind ungiftig, wenn man von ihren abstumpfenden Nebenwirkungen bei Mißbrauch absieht.

Dosierung, Anwendungsdauer und Zubereitung sollten bei allen Heilpflanzen besondere Beachtung finden, denn werden diese Faktoren nicht beachtet, können alle Heilpflanzen eine gegenteilige Wirkung haben. Auch unser Schöllkraut, eine ungewöhnliche Heilpflanze, ist ein Mohngewächs. Gift und Heilwirkung des Schöllkrauts liegen ebenfalls sehr nah beieinander und können sich individuell unterschiedlich auswirken. Obwohl sich Mohnsamen in Indien großer Beliebtheit erfreuen und ungiftig sind, spricht man respektvoll davon, daß die ganze Pflanze den Geist der Brillenschlange Kobra in sich birgt. Das wird verständlich, wenn man an den Mohnsaft denkt, der Morphium, Narcotin und Codein enthält.

In der indischen Mythologie findet die Kobra eine ganz besondere Beachtung. Auch das ist nur zu verständlich, wenn man dem Gehörten Glauben schenken darf. Diese giftige Brillenschlange vergeudet ihre Energie niemals. Sie braucht ihre Nahrung nicht zu suchen oder zu jagen. Mit ihrer gewaltigen Ausstrahlung soll sie fähig sein, ihre Opfer in ihren Bann zu ziehen und direkt zu sich zu leiten. Eine Kobra, so erzählte man mir, kann mehrere hundert, ja sogar mehr als fünfhundert Jahre alt werden. Eine wichtige Yogaübung (Asana), die einer aufgerichteten Kobra gleicht, wird auch Kobra genannt. Sie soll der Brillenschlange abgeschaut worden sein.

Der Mohnsamen, und dies scheint mir bemerkenswert, hat eine sehr ähnliche Wirkung wie diese Yogaübung. Beide wirken auf die Verdauung, gegen Blähungen und Verkrampfungen, und auf das Nervensystem, indem sie es beruhigen und beleben und seine funktionelle Tätigkeit stärken.

Mohnsamen und Baldrianwurzeln ergänzen und verstärken sich gegenseitig ausgezeichnet. Bei Schwindel und Gleichgewichtsstörungen soll diese Verbindung außergewöhnlich hilfreich sein. In Indien mischt man den Weißen Mohnsamen gern mit der indischen Narde, einem Baldriangewächs, das im Himalajagebiet wächst. Baldrian mit seinem direkten Einfluß auf das zentrale Nervensystem verstärkt die Wirkung des Mohnsamens als entkrampfendes, beruhigendes Einschlafmittel. Es soll eine besonders empfehlenswerte Kombination sein, die auch gegen Kopfschmerzen helfen kann. Vorsicht ist jedoch geboten, denn auch die abstumpfende Wirkung beider Mittel auf den Geist verstärkt sich bei Mißbrauch, Daueranwendung und zu hoher Dosierung.

Mohnsamentee

Zutaten: ¹/₄ Liter Wasser oder Milch
2 Eßlöffel Mohnsamen (wenn möglich frisch
gemahlen aus dem Reformhaus)

Zusätze: Zimt
Vanille
Muskatnuß
Gewürznelken
Rosinen
Apfel
Baldrian
Honig
eventuell Datteln

Für manche Temperamente eignen sich als Zusätze auch
Kardamom und Ingwer sowie, mit Vorsicht und aus-
nahmsweise, ein Teelöffel Rum oder Kognak auf eine
Tasse Tee.

Zubereitung
Den gemahlenen Mohnsamen übergießt man mit heißem
(nicht kochendem) Wasser oder heißer Milch und läßt ihn
fünf bis zehn Minuten ziehen, bevor man abseiht.
    Der Mohnsamen kann auch mit kaltem Wasser oder
kalter Milch angesetzt werden und bleibt dann mehrere
Stunden stehen.
    Wenn der Tee mit Baldrianwurzeln zubereitet werden
soll, können diese kalt mit dem Mohnsamen angesetzt
oder heiß mit aufgegossen werden.
    Die Gewürze (ein oder zwei ausgewählte) für diesen
Tee verwendet man vorwiegend pulverisiert und setzt sie
ebenfalls kalt mit an oder gießt sie heiß mit auf.

Der Apfel und die Rosinen werden zerkleinert mit kaltem Wasser angesetzt, langsam erwärmt und einmal zum Aufwallen gebracht.

Man läßt etwa fünf Minuten ziehen und abkühlen, bevor der Mohnsamen hinzugefügt wird. Dann läßt man alles zusammen fünf bis zehn Minuten ziehen. Der Apfel wird mit Schale und Kerngehäuse verwendet.

Es kann vorteilhaft sein, die Rosinen vorher ein- bis zweimal mit kochendem Wasser abzubrühen, um sicher zu sein, daß sie frei von unerwünschten Mikroorganismen (die sich während der Lagerung bilden können) und Ölen sind.

Apfel und Rosinen können mit Stangenzimt, Nelken oder Vanilleschote zubereitet werden. Man bringt diese Gewürze kurz vor dem Aufwallen in den Tee, dem später der Mohn zugesetzt wird.

Wirkungsbereich

Dieser Tee wirkt nervenstärkend und beruhigend. Bei nervösen Verdauungsbeschwerden hat sich Mohnsamentee mit ausgewählten Gewürzen, besonders Muskatnuß, bestens bewährt. Sogar nervöse Kinder soll ein Täßchen davon zur Ruhe bringen.

Seine regulierenden Wirkungen können verdauungsfördernd sein sowie hilfreich bei nervösem Durchfall oder auch entkrampfend bei Bauchschmerzen, die von Blähungen herrühren. Mohnsamen verbessert die Aufnahmefähigkeit des Körpers durch seine Wirkung auf den Dünndarm. Die Darmzotten sollen dadurch gekräftigt werden.

Mohnsamen und Muskatnuß sind in ihrer Wirkung sehr ähnlich, und diese kann durch eine Kombination der beiden verstärkt werden; damit werden jedoch auch die unerwünschten Nebenwirkungen wesentlich verstärkt.

Bei zu langem Gebrauch und zu starker Dosierung können diese abstumpfend sein und die Aufmerksamkeit beeinträchtigen und herabsetzen. Ein genaues Maß für die Dosierung kann nicht gegeben werden, da diese ganz individuell an Temperament, Alter und Veranlagung angepaßt sein sollte.

Mohnsamen haben einen hohen Nährwert. Sie machen Speisen leichter verdaulich und fördern zugleich die Aufnahme anderer Nährstoffe. Außerdem haben sie einen sehr hohen Kalziumgehalt. Das war auch für mich erstaunlich und überraschend. Zehn Gramm Mohnsamen enthalten etwa 145 Milligramm Kalzium. Einen hohen Kalziumgehalt haben auch Sesamsamen, Mandeln und viele Nußsorten. Erwähnenswert scheint mir, daß auch Hagebutten sehr kalziumreich sind. Fünfzig Gramm Hagebutten enthalten etwa 125 Milligramm Kalzium. Fünfzig Gramm Mandeln enthalten etwa ebensoviel Kalzium wie fünfzig Gramm Hagebutten; aber Mohnsamen enthalten beinahe fünfmal soviel Kalzium wie Mandeln oder Hagebutten. Besonders im Zusammenhang mit Osteoporoseproblemen sollte dieser Kalziumreichtum der Mohnsamen von großem Interesse sein und viel größere Beachtung finden.

In indischen Gerichten findet überwiegend der Weiße Mohn häufige Verwendung. Die gemahlenen Samen werden gern zum Andicken von Soßen verwendet, aber auch vielen anderen Gerichten werden Mohnsamen zum Würzen zugegeben. In meinem morgendlichen Müsli sorgen gemahlene Mohnsamen seit langer Zeit für eine ausgesprochen delikate Abwechslung. Ein Erwachsener sollte mit seiner Nahrung etwa 800 Milligramm Kalzium täglich aufnehmen. Bei Osteoporose und eiweißreicher Ernährung werden mindestens 1000 Milligramm empfohlen.

Mit etwa 10 bis 20 Gramm Mohnsamen (nicht zur einseitigen Daueranwendung geeignet) können Sie den täglichen Kalziumbedarf zu 20 bis 30 Prozent abdecken. Dieser hohe Kalziumgehalt sorgt unter anderem für die positive Wirkung einer Mohnsamentee-Kur. Das Kalzium aus den Mohnsamen wird im Verbund mit anderen Substanzen besonders leicht vom Körper aufgenommen und verwertet.

Rosinen bringen Lieblichkeit in unseren Mohnsamentee. Ihre Süße wirkt befriedigend auf das Nervensystem und verleiht sogleich Energie. Die nährenden Eigenschaften der Mohnsamen sind wohltuend und aufbauend bei Schwäche und Abmagerung.

Eine besonders liebliche Kombination ist Mohnsamen, Rosinen und Vanille. Sie ist segenbringend und kann eine verängstigte Seele beruhigen und trösten.

Mit einem Apfel, Zimt und eventuell etwas Honig ist Mohnsamentee ein köstliches Getränk, das weder für den Körper noch für Herz und Seele etwas zu wünschen übrig läßt, so daß man beruhigt einschlummern kann.

Die anregenden Kräfte von Kardamom und Ingwer können bei einer kurmäßigen Anwendung die Nebenwirkungen der Mohnsamen mildern. Sie stören die Harmonie im Mohnsamentee nicht, sondern haben einen günstigen (anregenden) Einfluß auf die Verdauung und das Nervensystem.

Grüne und blühende Pflanzen passen nicht in einen Mohnsamentee, auch wenn sie ihn von ihren Wirkungen und Inhaltsstoffen her theoretisch zu ergänzen scheinen, wie zum Beispiel das Johanniskraut mit seinem wunderbaren Einfluß auf das vegetative Nervensystem.

Alkohol in einem Heilkräutertee wird in Indien strikt abgelehnt. Schon in früheren Zeiten und heute leider mehr als jemals zuvor, wurde der Alkohol sträflichst mißbraucht. Mißbrauch bringt Verruf mit sich. In Verbindung mit Heilpflanzen ist Alkohol eine vermittelnde Substanz. Alkoholische Auszüge werden vom Körper anders verarbeitet als Wirkstoffe, die in Wasser gelöst wurden. Alkohol, eines der ältesten Heilmittel, kann allerdings nur einen günstigen Einfluß haben, wenn Mißbrauch und Übertreibung völlig ausgeschlossen werden. Es kann von Vorteil sein, wenn der Mohnsamentee während einer vierwöchigen Kur einmal in der Woche mit einem Teelöffel Rum oder Kognak zubereitet wird. Dieser Zusatz von Rum oder Kognak kann sich sehr günstig auf die Atem- und Verdauungswege auswirken.

Länger als vier Wochen sollte eine Kur mit Mohnsamentee nicht durchgeführt werden. Nach einer Pause von 14 Tagen, in denen ein anderer Tee getrunken wird, zum Beispiel aus Hagebutten oder Äpfeln, kann die Mohnsamentee-Kur wiederholt werden. Meist genügt aber eine Kur von 14 Tagen oder drei Wochen. Ein bis zwei Tassen täglich, am späten Abend oder nachmittags getrunken, sind völlig ausreichend. Genießen Sie es, Ihrem Tee eine ganz individuelle Note zu geben. Wenn Sie sich mit den Wirkungen der verschiedenen Zusätze vertraut gemacht haben, können Sie Ihren spontanen Eingebungen folgen und Ihren Mohnsamentee spielerisch sehr abwechslungsreich gestalten, damit er genau Ihre persönlichen Bedürfnisse und Erwartungen befriedigt.

Mohnsamentee sollte im Einklang mit der Jahreszeit getrunken werden. Er entfaltet seine wundervolle Wirkung im Herbst und Winter. Der Frühling mit seinem zunehmenden Licht und besonders der Sommer mit seiner Hitze ist nicht die Zeit für diesen Tee. Von den Mondphasen ist der Mohnsamentee weitgehend unabhängig.

Süßer Schlaf,
du kommst wie reines Glück,
ungebeten, unerfleht am willigsten.
Du lösest die Knoten strenger Gedanken,
verwischst alle Bilder der Freude und des Schmerzes.
Wir versinken und hören auf zu sein.

Johann Wolfgang von Goethe

MUSKAT – eine exotische Droge

Südindien, die Molukken sowie die Ost- und Westindischen Inseln sind die Heimat des bis zu zwanzig Meter hoch werdenden Muskatbaumes. Er gleicht in der Form meinem geliebten Apfelbaum. Seine Früchte sehen jedoch eher aus wie gelbe Pflaumen. Muskatnüsse werden vollreif geerntet. Unter ihrer Schale ist die Nuß in einen leuchtend roten Samenmantel eingebettet. Aus diesem aromatischen Samenmantel stellt man ein köstliches Gewürz her: Macis, bei uns besser bekannt als Muskatblüte; obwohl diese Bezeichnung nicht zutrifft, denn es wird ja nicht aus der Blüte gewonnen, sondern ist der getrocknete, pulverisierte Samenmantel der Nuß.

Die Muskatnuß ist eine exotische Droge von stark ausgeprägtem Charakter. Ihre Wirkung kann sich verselbständigen und nicht beabsichtigte Reaktionen hervorrufen. Bei Mißbrauch und Überdosierung kann sie schleichend in die Abhängigkeit führen und entwickelt leider auch toxische Eigenschaften. Kaum ein anderes Gewürz, außer der Vanille, kann so giftig werden wie diese exotische Droge.

Bei einem Vortrag über Heilpflanzen und Gesundheit erzählte eine Teilnehmerin, daß ihr Lieblingsgewürz Muskat sei und daß ihre selbstgebackenen Brötchen ohne zwei gehäufte Teelöffel Muskatnuß gar keinen Geschmack hätten. Als ich sie fragte, wie lange sie das schon mache, erwiderte sie ganz stolz, sie habe den Geschmack dafür erst entwickelt. Die Muskatliebhaberin wollte zuerst nicht glauben, was sie über ihr Lieblingsgewürz hörte; aber schließlich gab es ihr zu denken, und sie war für die Information sehr dankbar.

Im allgemeinen sind Dosen von mehr als drei bis vier Gramm nicht ratsam. Muskat kann Krämpfe, Schwindel, Halluzinationen und sogar ein Koma auslösen. In Verbindung mit Eiern sollte er niemals verwendet werden.

Von sehr nützlicher Wirkung kann eine Dosierung von unter 100 Milligramm gegen Durchfall und Erkältung bei kleinen Kindern sein.

Muskat besitzt außergewöhnlich heilende Kräfte. Bei individueller Dosierung mit Rücksicht auf Konstitution, Alter, Veranlagung und Temperament der Person ist dieses Gewürz von unschätzbarem Wert. In seiner Heimat wird es hochgeschätzt bei allen nervösen Störungen und Schlaflosigkeit. Für manche Temperamente kann eine Verbindung von Baldrian und etwas Muskat von Vorteil sein.

Eine nahe Verwandte des Baldrian ist die indische Narde. Sehr gern wird sie mit einer kleinen Prise Muskat als Tee zubereitet. Diese Mischung hat zwar die gleiche beruhigende Wirkung auf den Geist wie Muskat und Baldrian, fördert jedoch gleichzeitig die Wahrnehmung.

Bei Schlafstörungen ist auch ein Mohnsamentee mit Muskat sehr empfehlenswert. Mohnsamen und Muskat ergänzen und verstärken sich gegenseitig. Ihre Wirkungen zur Kräftigung und Beruhigung des gesamten Nervensystems sind ähnlich, aber leider auch ihre unerwünschten Nebenwirkungen. Bei zu langer Anwendung und Überdosierung nimmt der abstumpfende Einfluß zu, der zu Trägheit und verminderter Aufmerksamkeit führen kann.

Muskat kann beruhigend auf den Geist einwirken und gleichzeitig, das scheint mir sehr wesentlich, als ein den Kreislauf stärkendes und anregendes Mittel innere Kälte vertreiben. Ein zu niedriger Blutdruck wird von diesen

Eigenschaften profitieren. Auf die funktionelle Tätigkeit des Nervensystems wirkt Muskat anregend und beruhigend zugleich. Stimulierend und ausgleichend beeinflußt und stärkt er das Genitalsystem, so daß der Körper mit neuen Kräften versorgt werden kann.

Die Indianer Nordamerikas schätzten den roten Klee, der auch bei uns alle Wiesen mit seinen Blüten schmückt, unter anderem als ein die Magennerven beruhigendes Mittel. Ein Tee aus roten Kleeblüten, mit Muskat zubereitet und eine halbe Stunde vor der Mahlzeit getrunken, hat nicht nur eine nervenberuhigende Wirkung, sondern fördert in besonderem Maße die Assimilation der Nahrung. Die Aufnahmefähigkeit im Dümmdarm wird verbessert, und die Dünndarmzotten werden gekräftigt. Durch die bessere Ausnutzung der Nahrung werden Muskel- und Körperkraft gesteigert.

Wirkungsvoll und wohltuend kann eine Mischung aus Muskat, Kardamom und Zimt oder Ingwer in einem Heilpflanzentee sein.

Unsere exotische Droge hat unter anderem zusammenziehende Eigenschaften, die ihre Wirkung vorherrschend mitbestimmen und die Dauer der Anwendung begrenzen. Aufgrund dieser Eigenschaften ist Muskat entzündungshemmend und kann Heilungsprozesse unterstützen. Gegen Durchfall wirkt er trocknend und festigend. Die Zugabe von Muskat in einen Salbeitee kann die heilkräftige Wirkung dieses Tees in so mancher Beziehung steigern.

Bei adstringierenden Drogen kann ein Zuviel und eine zu lange Anwendung Verstopfung, vorzeitiges Altern und viele andere negative Wirkungen hervorrufen.

In der Schwangerschaft sollte man Muskat meiden, und Vorsicht ist geboten bei zu hohem Blutdruck.

Alle nußartigen Früchte sind von der Zeit ihrer Reife an den ganzen Winter über bis in den Frühling in der Saison.

Wenn Licht, Wärme und Sonnenschein zunehmen, verlieren sie an Einfluß auf den Organismus. Das gilt für alle Nußarten wie Walnuß, Haselnuß, Erdnuß und dergleichen. Ihre wertvollen Inhaltsstoffe können in der wärmeren Jahreszeit vom Organismus nicht nutzbringend verarbeitet werden. Für die Muskatnuß gilt das nicht in dem Maße. Ihre Wirkung auf den Körper ist von den Jahreszeiten weitgehend unabhängig, aber auch sie wirkt im Herbst und Winter stärker – auch deshalb, weil ihre erhitzenden Eigenschaften, die innere Kälte vertreiben und innere Wärme vermehren, in der lichtarmen kalten Jahreszeit angebrachter sind. Bei zunehmendem Mond sind ihre die Assimilation fördernden und die Körperkräfte vermehrenden Eigenschaften am wirkungsvollsten.

NELKEN – Blütenknospen mit Intelligenz

Das Studium der heilenden Kräfte der Natur ist faszinierend und voller Überraschungen. Die Intelligenz der Nelken – muß man da nicht amüsiert lächeln? In diesen kleinen roten, später braunen Blütenknospen soll eine ungewöhnliche Intelligenz wohnen? Mit keiner anderen Gewürzpflanze habe ich mich so intensiv befaßt wie mit diesem kugelrunden Nelkenbaum, dessen ursprüngliche Heimat die Molukken sind. Er gehört zu den Myrtengewächsen. Zu dieser großen, wärmeliebenden Familie mit etwa 3000 Arten gehört auch der Eukalyptusbaum. Viele Notizen machte ich zusätzlich zu meinen sonstigen Aufzeichnungen über die Blütenknospen des Nelkenbaums, sogar noch spätabends im Bett, wenn ich schon totmüde war. Es schien mir einfach wichtig, meine Gedanken zu diesem Thema festzuhalten. Mit einem Lächeln, das erinnernd von innen kommt, möchte ich einige meiner Tagebuchaufzeichnungen hier wieder aufleben lassen.

Einem blühenden Baum soll der menschliche Körper gleichen. Die Blüten entsprechen dem Gehirn. Stamm, Zweige und Blätter sind darauf bedacht, durch die Blüten Früchte hervorzubringen, ähnlich wie alle unsere Bemühungen das Ziel haben, mittels des Gehirns (der Blüten) Erfolge (Früchte) hervorzubringen. Ein blühendes Gehirn – der Weg zum Erfolg?

Ach wie schön! Das rief wieder einmal lebhaft Kindheitserinnerungen in mir hervor. Als kleines Mädchen war ich sehr stolz, wenn ich meinen Vater zum Schachspielen begleiten durfte. Stundenlang, denn so lange dauerte ein

Spiel manchmal, sah ich den Spielern zu, obwohl kaum etwas passierte, jedenfalls nichts für mich Nennenswertes. Ich lauschte den Gesprächen über Gott und die Welt und liebte es besonders, wenn mir einer der Spieler seine verlorene Dame überreichte. Bald aber interessierte es mich mehr und mehr, ob mein Papa ein Gewinner war. Zu ersehen war das für mich nicht, denn zuviele Figuren blieben auf dem Schachbrett übrig, und nach dem Spiel herrschte weder Jubel noch Traurigkeit. Als ich es einmal ganz genau wissen wollte und fragte: „Papa, hast du denn nun eigentlich gewonnen?" antwortete mein Vater, der damals pommerscher Schachmeister war, sehr ernst: „Bei diesem Spiel ist es ganz unbedeutend, ob man gewinnt oder verliert. Es bringt das Gehirn zum Blühen, und das ist ganz wunderbar!"

Was hat das mit den Knospen des Nelkenbaums zu tun? Überraschend viel. Diese unscheinbaren Nägelchen, „Nelchin", wie Hildegard von Bingen sie bezeichnete, mit den kleinen Köpfchen (diese Köpfchen müssen unbedingt vollständig intakt sein) vermögen in unserem Körper Potenzen zu erzeugen. Diese Potenzen können vom Organismus vielseitig eingesetzt werden, wo immer sie angebracht und notwendig sind; ganz besonders wichtig sind sie in der zweiten Lebenshälfte. Nelken klären den Geist und vermögen ihn durch ihre energetisierenden Kräfte zum Blühen anzuregen. Auf der körperlichen Ebene sind sie hilfreich bei Erkältungen, Husten, Heiserkeit, Verdauungs- und Stoffwechselstörungen. Ihr flüchtiges, wertvolles Öl ist stark schmerzlindernd, keimtötend, krampflösend, wundheilend und insektenabweisend. Ihr Einfluß ist jedoch noch viel weitreichender. Sie besitzen die Fähigkeit, eine sich steigernde Kraft zu erzeugen, die nicht oberflächlich bleibt, sondern in der Tiefe wirkt. Dadurch sind sie in der Lage, die Energiebahnen des feinstofflichen

Körpers (Meridiane in China, Nadis in Indien) von Blockaden zu befreien und das Lymphsystem zu reinigen. Durch den energetisierenden Einfluß, den sie auf das Genitalsystem ausüben, werden dem Organismus neue Kräfte zugeführt. Hildegard von Bingen und Paracelsus lobten Nelken auch als Mittel gegen Gleichgewichtsstörungen, niedrigen Blutdruck und Lähmungserscheinungen.

Einen Tag vor meiner Ankunft in Indien mußte sich mein Gastgeber, Dr. Khanna, einen Zahn ziehen lassen. Ein neuer Zahn, so versicherte er mir, würde durch Konzentration und Meditation nachwachsen. Mein westlich geprägter Kopf reagierte überrascht und amüsiert. Die dritten Zähne sollen nachwachsen können! Spontan hielt ich diese Möglichkeit für völlig ausgeschlossen. Doch bald bedauerte ich meine schnelle Reaktion, die verletzend und unhöflich war, und erinnerte mich daran, daß es so viele Dinge gibt, die wir nur deshalb für unmöglich halten, weil sie Fähigkeiten erfordern, die wir ganz offensichtlich nicht (mehr) besitzen.

Ich hörte und staunte, daß zum Beispiel die Zähne von Haifischen sofort wieder nachwachsen, wenn sie durch irgendwelche Umstände verloren gegangen sind. Als Kinder wußten meine Geschwister und ich, daß aus einem halben Regenwurm nach einiger Zeit wieder ein ganzer Regenwurm wurde. Auch habe ich selbst beobachten können, wie Eidechsen, die mein älterer Bruder und ich fingen und dabei manchmal verletzten, sich vollständig regenerierten. Es faszinierte uns zu sehen, wie eine eingefangene Eidechse nach einiger Zeit zwei Schwänze hatte, weil wir ihren eigentlichen Schwanz angebrochen hatten, aber auch ein völlig abgebrochener Schwanz wuchs perfekt nach. Damals erklärte uns mein Vater, für den es als Physiker und Erfinder keine Wunder gab, sondern nur

Erscheinungen und Dinge, für die man beim derzeitigen Wissensstand keine Erklärungen hatte, daß niedere Tiere wie der Regenwurm recht primitive Lebewesen sind, welche die Fähigkeit zur völligen Regeneration haben. Der Mensch müßte diese Fähigkeit eigentlich auch einmal besessen haben – hat sie aber ganz offensichtlich nicht mehr.

Mehr als fünfzig Jahre später hörte ich nun, daß Ungeahntes und Unbegrenztes unter anderem durch Konzentration und Meditation möglich werden kann. Der Macht der Gedanken und des Unbewußten schreibt man in Indien ungeheuer große Kräfte zu.

Dieser Einstellung zufolge gibt es keine unheilbaren Krankheiten, sondern nur unheilbare Patienten.

Das deckt sich mit den Aussagen von Paracelsus, daß intensive Gedanken auf der physischen Ebene positiv oder negativ wirken und eine physische Reaktion hervorrufen können. Paracelsus hatte hierfür eine ganz klare Definition: „Denken heißt, auf einer Ebene der Gedanken zu handeln, und wenn der Gedanke intensiv genug ist, kann er eine Wirkung auf der physischen Ebene ausüben. Es ist ein großes Glück, daß nur wenige Menschen die Fähigkeit haben, eine Wirkung auf der physischen Ebene zu erzielen, denn nur wenige Menschen haben niemals böse Gedanken."

Dies ist wichtiger, als man vielleicht annimmt! Ohne daß wir es bemerken, umgeben uns unsere Gedanken mit einer Widerspiegelung unseres Selbst und beeinflussen unsere physischen und mentalen Bereiche. Aus Liebe zu uns selbst sollten wir uns also bemühen, stets Gedanken des Friedens und der Zufriedenheit, der Liebe und der Güte zu hegen.

Fünf Jahre nach meinem Aufenthalt in Indien bekam ich einen Brief von Dr. Khanna, in dem er mir mitteilte, daß tatsächlich ein Zahn nachgewachsen sei. Das war eine Sensation, auch für den Zahnarzt in Almora, der den Zahn ja gezogen hatte. Unmögliches ist also doch möglich!

Unsere Blütenknospen mit Intelligenz, diese kleinen Nelchin, unscheinbar wie das Tröpfchen Wasser, ohne das es keinen Ozean gäbe und auch kein Leben auf diesem Planeten, schaffen ein Klima auf der geistigen und körperlichen Ebene, in dem derart Ungeahntes möglich wird. Sie vermitteln die Botschaft: „Laß locker, laß los, öffne dich. Alles ist möglich. Wenn du Märchenaugen hast, ist die Welt voller Wunder. Geheimnisvoll, zart und leise wirst auch du zum Blühen angeregt."

PFEFFER – Speicher der Sonnenenergie

Die kleinen dunkelbraunen Kügelchen des Schwarzen Pfeffers (Piper nigrum) haben es buchstäblich in sich. Heute wird mit diesem exotischen Gewürz weltweit so selbstverständlich, so gedankenlos und oft auch viel zu verschwenderisch umgegangen. Das war keineswegs immer so.

Die Geschichte dieser kleinen Kügelchen ist ausgesprochen faszinierend. Ihretwegen soll Amerika entdeckt worden sein. Kolumbus wollte den direkten Seeweg in den fernen Osten zu den attraktiven Pfefferinseln und dem gewürzreichen Indien finden.

Bereits zwei Jahrhunderte bevor Kolumbus aufbrach, hatte der Venezianer Marco Polo über die Pfefferkultur und den Zauber der Gewürze im Fernen Osten berichtet. Wenige Jahrhunderte später spielte Venedig eine Hauptrolle im Pfefferhandel. Ganze Expeditionen wurden ausgerüstet, denn der Pfeffer war eines der wichtigsten Gewürze. Das Handelsmonopol wechselte von den Arabern zu den Portugiesen, die wiederum von den Spaniern, Holländern und dann von Frankreich und Großbritannien verdrängt wurden. Während die Portugiesen das Monopol hatten, erreichte der Wert des Pfeffers den von Gold; aber auch bei anderen Gewürzen erzielte man oft einen sechshundertfachen Gewinn. Der Gewürzhandel, und der mit Pfeffer insbesondere, war für die Entstehung und den Untergang ganzer Weltreiche mitverantwortlich.

In Mitteleuropa soll eine recht einseitige Ernährung wesentlich durch importierte Gewürze bereichert worden

Schwarzer Pfeffer (Piper nigrum)

sein. Heute werden diese Wunderpflanzen in allen Klimazonen angebaut, jedenfalls soweit es möglich ist. Die Länder Asiens sind jedoch im Gewürzhandel führend geblieben.

Die medizinischen Eigenschaften der Pflanzen wurden bereits im Altertum studiert. Hinweise auf wunderwirkende Heilpflanzen gibt es in fast allen Kulturen der Welt, auch in der Bibel und in den heiligen Schriften anderer Religionen.

Ayurveda, die indische „Wissenschaft vom Leben" ist ebenfalls ein sehr alter und kostbarer Schatz heilkundlicher Weisheiten, der mit den Veden, den ältesten heiligen Schriften Indiens in Verbindung steht, genauer gesagt mit dem Arthavaveda, dem zeitlich jüngsten der vier Veden, die über einen sehr langen Zeitraum ab etwa 1.500 vor Christus entstanden sind.

Der Begriff Ayurveda setzt sich aus den beiden Worten *ayus* (Leben in seiner Gesamtheit; die Verbindung von Körper, Sinnesorganen, Geist und Seele) und *veda* (Wissen) zusammen. Ayurveda ist im eigentlichen Sinne keine indische „Medizin" und schon gar kein hinduistisches System, sondern eher eine „universelle Quelle", die reichlich angefüllt ist mit Wissen und Weisheit und aus der jeder Mensch individuell für sich schöpfen darf.

So ist zum Beispiel die ayurvedische Pflanzenheilkunde nicht auf indische oder exotische Heilpflanzen beschränkt, sondern ist überall auf der Welt mit heimischen Pflanzen anwendbar. In unserer so viel kleiner gewordenen Welt, in der jederzeit und fast überall ein verlockendes Angebot aus aller Herren Länder zur Verfügung steht, sollte man das, was auf dem eigenen Boden im Rhythmus der Jahreszeiten wächst, nicht gering schätzen. Eine Pflanze aus der Fremde kann einer heimischen von den nachweisbaren Inhaltsstoffen her zwar weit überlegen sein, aber sowohl im Ayurveda als auch in unserer Heilkunde wurde und wird stets empfohlen, die Heilpflanzen der Heimat zu nutzen, um gesund zu bleiben. Doch alle heimischen Pflanzen lassen sich hervorragend mit einem weiten Spektrum exotischer Gewürze kombinieren – womit wir wieder beim Thema dieses Kapitels wären.

Die heilenden Kräfte einer Pflanze sind nicht auf ihre Inhaltsstoffe beschränkt, sondern wirken auch auf einer energetischen Ebene. Mit streng naturwissenschaftlichen Methoden ist die Energetik der Pflanzen zwar nicht nachweisbar, aber in ihrem Wirken kann sie durchaus empirisch nachvollzogen werden, und zwar als ein vitales, dynamisches Phänomen.

Die Wunderkügelchen des Schwarzen Pfeffers enthalten außer den nachweisbaren Inhaltsstoffen „gespeicherte Sonnenenergie" (ein Ausdruck, den Dr. Bircher-Benner für diese dynamische Kraft benutzt hat). Im Ayurveda wird diese energetische Vitalität, diese „gespeicherte Sonnenenergie" des Pfeffers zu Heilzwecken genutzt.

Der Geschmack einer Heilpflanze kann ebenso wie ihre Ausstrahlung deutliche Hinweise auf ihre spezifische Wirkung geben. Pfefferkörner sprechen mit ihrer Schärfe eine sehr deutliche Sprache. Die Geschmacksrichtung Scharf entfacht das Verdauungsfeuer, beseitigt und fördert die Ausscheidung von Toxinen und körperfremden Stoffen, reduziert übermäßige Flüssigkeitsansammlungen, vermag alle Körperfunktionen zu beleben und den Kreislauf anzuregen.

Diese wichtigen Eigenschaften des Schwarzen Pfeffers lassen sich nutzen, indem man Speisen sorgfältig und sparsam damit würzt. Sehr angebracht ist die wärmende, energetisierende Wirkung des Pfeffers in Rohkostsalaten und anderen kalten Gerichten. Am wirkungsvollsten kommen diese Wunderkügelchen mit ihrer gespeicherten

Sonnenenergie als Zugabe in einem Heilpflanzentee mit spezifischem Wirkungsbereich zur Anwendung.

Ein Beispiel: Die schleimlösende antibakterielle Wirkung eines Bronchialtees wird wesentlich durch den Zusatz von Pfeffer verstärkt, wobei sein ätherisches Öl durch die Lunge abgesondert wird. Ein anderes Beispiel: Sie kommen durchgefroren und mit kalten, nassen Füßen nach Hause und waren vielleicht mit Menschen zusammen, die bereits erkältet waren. Nun bereiten Sie sich eine schöne heiße Tasse Kräutertee zu, um eine eventuelle Infektion abzuwehren. Wenn Sie diesem Tee in der Tasse eine Prise frisch gemahlenen Pfeffer zufügen, wird der Pfeffer Ihren Magen durchwärmen, die Durchblutung anregen und das Gefühl der inneren Kälte (auch emotional) nehmen. Die nahende Erkältung kann mit der Vitalität des Pfeffers viel erfolgreicher abgewehrt werden.

Selbstverständlich muß der Pfeffer naturbelassen und von höchster Qualität sein. Das bedeutet: nicht radioaktiv bestrahlt, begast, gestreckt oder durch irgendwelche anderen Methoden manipuliert.

Wie stark diese Prise Pfeffer sein darf, entscheiden Sie ganz individuell nach Ihrer Veranlagung und Ihren Bedürfnissen. Möchten Sie nur liebevoll anregen? Oder braucht es vielleicht einen kleinen Schubs? Manchmal kann eine einmalige stärkere Dosis, eine Reizung angebracht sein, im allgemeinen aber nicht.

Pfeffer wird niemals vor der Zubereitung eines Tees mit den Heilpflanzen gemischt, sondern immer erst dem fertigen Tee in der Tasse zugefügt. Nur ausnahmsweise und ganz gezielt sollte er mit anderen Gewürzen gemischt werden. Bei einer kurmäßigen Anwendung kann er dem Tee im Wechsel mit anderen Gewürzen zugegeben werden.

Ein ganz naher Verwandter des Schwarzen Pfeffers ist der etwas längliche indische Pfeffer (Piper longum), auch Pipalpfeffer oder liebevoll Pippali genannt. Diese in Indien so beliebte Pfefferart ist gleichfalls ein Speicher für die solare Energie. Im Gegensatz zu seinem kletter- und schlingfreudigen Verwandten Piper nigrum mit seinen Luftwurzeln ist der Pipalpfeffer nur eine kleine Kriechpflanze mit senkrechten Wurzeln. Von dieser Pflanze werden die getrockneten Früchte und die Wurzeln verwendet, und beiden spricht man phantastische Heilkräfte zu.

Im Hause meines Gastgebers, Dr. Khanna, hatte man für den agressiven Schwarzen Pfeffer keine Verwendung, obwohl man diesen und besonders seine energetischen Kräfte für bestimmte Zwecke sehr schätzte und auch zu nutzen wußte.

Pippali hat die wunderbare Fähigkeit, das tiefere Gewebe auf einer subtilen, aber direkten Ebene wirkungsvoll zu beeinflussen. Er besitzt die energetischen Kräfte seines Verwandten und ist diesem in den Wirkungen sehr ähnlich, aber außerdem strahlt er eine verborgene Lieblichkeit aus und ist milder, sanfter und reizarmer als der Schwarze Pfeffer. Kleine Unterschiede können große Wirkungen haben!

Eine hochgeschätzte Gewürzmischung, im Ayurveda als Trikata bezeichnet, besteht aus Pippali, getrocknetem Ingwer und Schwarzem Pfeffer. Diese stark anregende Mischung zählt zu den Verjüngungsmitteln. Trikata, aber auch Pippali allein, soll anregend auf das Feuer der Verdauung, den Stoffwechsel und die Ausscheidung wirken, so daß angesammelte Toxine verbrannt oder durch Ausscheidung beseitigt werden können. Diese Reinigung (auch Blutreinigung) bewirkt eine Wiederbelebung vieler Körperfunktionen und fördert die Aufnahmebereitschaft.

Nur ein paar der vielen Indikationen, bei denen Pippali oder Trikata angezeigt ist, möchte ich aufzählen: Erkältungen, Bronchitis, Rheumatismus in seinen unterschiedlichen Erscheinungsformen, Gicht, Mangel an Abwehrkräften, Darmparasiten, Störungen des Fettstoffwechsels und viele andere Beschwerden.

Pippali und Trikata werden im Ayurveda oft in Verbindung mit Ghee (geklärte Butter, Butterschmalz) empfohlen. Eine Tasse Heilkräutertee mit einem Teelöffel Ghee und einer Prise Pippali habe ich persönlich als sehr angenehm empfunden. Dieser Tee sollte, um seine volle Wirkung zu entfalten, wenigstens eine halbe Stunde vor dem Frühstück getrunken werden. Kurmäßig läßt er sich acht bis zehn Tage lang anwenden.

Auch der Cayennepfeffer (Capsicum annuum) gehört zu den indianischen Heilmitteln, die mir meine Freundin Neva in allen Einzelheiten vorgestellt hat. Sie hatte ein wunderbares Talent, mir Pflanzen mit all ihren Eigentümlichkeiten fast wie Persönlichkeiten vorzustellen, so daß ich keine davon jemals vergessen habe. Noch heute muß ich lächeln, wenn ich mich daran erinnere, wie sie mir von ihrem indianischen Freund Doktor Hui erzählte, der bei ersten Anzeichen einer Erkältung ein etwa erbsengroßes Stück roten Cayennepfeffer einnahm, um alle ihn anfallenden Plagegeister sofort in dem entfachten „Fegefeuer" zu verbrennen. Zur Nachahmung hat sie seine Methode trotz des großen Erfolgs nicht empfohlen. Sie pries die rote indianische „Feuerfrucht der Sonne" auch nicht als Allheilmittel und schon gar nicht für jedermann. Bei Krankheitsgefühlen oder einfachem Unwohlsein, so erzählte Neva, verzehren die Indios in Lateinamerika, der Heimat dieser „Feuerfrucht", reife Bananen mit Cayennepfeffer. Die Indianer Nordamerikas kannten dieses wirkungsvolle Heilrezept auch. Da sie keine baum-reifen Bananen bekommen konnten, erwärmten sie ihre Bananen. Diese langsam gebackenen, eigentlich nachge-reiften Bananen, schlugen sie mit ihrer „Feuerfrucht der Sonne" zu einer Gesundheitsspeise, die köstlich schmeckt und angenehmes Wohlbefinden auslöst.

Die indianischen Medizinmänner sehen in der „feuri-gen Frucht der Sonne" ein besonderes Geschenk von Mutter Erde, das der Große Geist mit magischen Heil-kräften ausgestattet hat. Sie wissen dieses universale Läu-terungsmittel mit seinen geheimnisvollen feurigen Ener-gien zu schätzen und mit viel Respekt sehr erfolgreich einzusetzen.

Cayennepfeffer erwärmt von innen nach außen, nicht nur körperlich, sondern auch geistig. Seine magischen Kräfte sollen kurzzeitig turbulente emotionale Aktivitä-ten hervorrufen, die im nachhinein den Geist und die Sinne klären und damit auch körperliche Leiden zum Abklingen bringen können. Dieses indianische Läute-rungsmittel durchdringt alle Organe und sorgt neubele-bend für eine Normalisierung ihrer Funktionen.

Fast 25 Jahre später bin ich dieser „Feuerfrucht der Sonne" wieder begegnet. Dieses Mal wurde sie mir in Indien als eine auf den Westindischen Inseln beheimatete Pflanze vorgestellt, die mit großen Heilkräften ausgestat-tet ist. In Indien ist sie kein Allheilmittel, gilt jedoch als Heilpflanze mit ganz außergewöhnlichen und vielseitigen Eigenschaften.

Es ist mir lebhaft in Erinnerung geblieben, wie nach-denklich beeindruckt ich damals war, daß doch jede Generation das uralte Wissen unserer Vorfahren immer wieder neu für sich entdecken, aufarbeiten und entspre-chend dem Zeitgeist und der Mentalität des eigenen Lan-des interpretieren muß.

Seit Tausenden von Jahren gilt die Frucht dieser Pflanze als heilkräftiges Mittel, das den gesamten Gesundheitszustand verbessert und normalisiert. Das kann auf sehr vielfältige Weise geschehen. Cayennepfeffer kann den Stoffwechsel in seiner abbauenden Phase unterstützen und helfen, Toxine zu verbrennen und zu beseitigen – ähnlich wie die beiden zuvor beschriebenen Pfefferarten, aber mit einer schnelleren Wirkung, die von kürzerer Dauer ist. Die Wirkung spezieller Heilpflanzen (z.B. in einem Tee) kann durch den Zusatz von Cayennepfeffer wesentlich gesteigert werden. Natürlich ist es notwendig, die Heilpflanzen und den Cayennepfeffer aufeinander abzustimmen.

Der „Feuerfrucht der Sonne", wie die Indianer den Cayennepfeffer nannten, schreibt man auch in Asien gewaltige energetische Kräfte zu, aber man ist mit seiner Anwendung sehr viel vorsichtiger. Zu häufig in Anspruch genommen kann seine Hilfestellung nämlich sehr leicht zur Gewöhnung führen und damit zu einer Erhöhung der Dosis verführen, die dann eine gegenteilige Wirkung zur Folge haben kann, beispielsweise Reizung statt Anregung. Man sollte schon wissen, wann welche Wirkung angebracht ist.

Meine eigenen Erfahrungen mit dem roten Pulver aus der „Feuerfrucht der Sonne" sind ausgesprochen positiver Art. Wenn hier bei uns im Norden, im November zum Beispiel, die grauen Wolken bis ins Tal hängen und es gar nicht richtig hell werden will, habe ich oft schon vor dem Frühstück eine kleine Prise Cayennepfeffer in meinen Heilkräutertee getan. Mein von Natur aus zu niedriger Blutdruck und mein sonnen- und lichthungriges Gemüt bekommen dadurch Schwung und Anregung für den Tag. Eine Gewohnheit mache ich nicht daraus. Bei den vielen „Gesundheitsgeistern", die uns so hilfreich zur Seite stehen, ist das ja wohl auch nicht notwendig.

Nachdem ich nun so viel Wunderbares über die Pfefferfamilie erzählt habe, sollen die Einschränkungen und Grenzen sowie die eventuellen Nebenwirkungen dieser wunderwirkenden Gewürze nicht unerwähnt bleiben. Diese können je nach Konstitution, Alter und Temperament unterschiedlich sein. Vorsicht ist geboten bei sensibel reagierenden Verdauungsorganen. Alle drei Pfefferarten sind schleimhautreizend. Einem Heilpflanzentee, den man mit einem Zusatz von Pfeffer zubereiten will, kann man zum Schutz gegen Reizungen Leinsamen, Honig, Ghee oder Olivenöl beifügen. Bei irgendwelchen Entzündungen und selbst bei Überempfindlichkeiten oder auch nur bei einer Neigung zu diesen sind alle drei Pfefferarten zu meiden.

Zuviel und zu häufig Scharf kann besonders bei Menschen, die in den kühleren Regionen unserer Erde beheimatet sind, zu Reizungen, Schwächungen und Überempfindlichkeiten führen, anstatt zur Reinigung, Stärkung, Desinfektion und Anregung beizutragen. In den südlichen Klimazonen, besonders dort, wo unsere „Wunderpflanzen" wachsen, dürfen die Menschen viel großzügiger mit der Geschmacksrichtung Scharf umgehen; sicherlich auch, weil in diesen Ländern eine sehr viel größere Notwendigkeit dafür besteht. Der Umgang mit Gewürzen im allgemeinen will erlernt sein. Während eines Aufenthaltes in südlichen Regionen kann es von gesundheitlichem Vorteil sein, sich den würzigen kulinarischen Genüssen eines Landes hinzugeben und nicht nur nach heimatlichen Speisen Ausschau zu halten.

In einem Heilkräutertee, der kurmäßig angewendet werden soll, eignen sich alle drei Pfefferarten und auch Trikata, am besten im ein- oder zweitägigen Wechsel mit anderen ausgewählten Gewürzen.

Hier kann die Beachtung der Mondphasen mehr zum Erfolg einer Kur beitragen als die der Jahreszeiten. Eine Teekur zur Entgiftung, Blutreinigung, Mobilisierung der Abwehrkräfte und dergleichen sollte mit dem abnehmenden Mond begonnen werden, nicht nach dem Neumond oder während des zunehmenden Mondes. Nach dem Vollmond bis über den Neumond (der wirkungsvollste Tag zur Entgiftung) kann die reinigende, entgiftende Kraft der Heilpflanzen am stärksten wirken und einen Prozeß unterstützen, auf den der Körper naturgemäß bei abnehmendem Mond eingestellt ist. Bei abnehmendem Mond kann ein Wechsel zwischen den Geschmacksrichtungen Scharf und Bitter große Vorteile bringen.

Bitter wirkt ganz allgemein reinigend, antibakteriell, beinflußt und fördert die Beseitigung von Toxinen auf eine andere Weise als die Geschmacksrichtung Scharf; deshalb sind beide, im Wechsel angewendet, besonders wirkungsvoll. Ebenso verhält es sich mit ihren unterschiedlichen Wirkungen auf den Stoffwechsel, vor allem auf den Fettstoffwechsel. Die Nebenwirkungen von Scharf und Bitter bei übermäßigem Gebrauch und zu langer Anwendung werden oft unterschätzt. Scharf im Übermaß bewirkt Schwächung und Reizung. Bitter wirkt wohldosiert anregend auf den Stoffwechsel; ein Zuviel und Zulange führt zu Verstopfung und Schwächung sowie zur Reduzierung aller Gewebselemente und kann zur Abmagerung beitragen. Diese erheblichen Nebenwirkungen von Bitter bei zu hoher Dosierung und zu langer Anwendung wurden mir von vielen Teilnehmern meiner Kräuterwanderungen und Heilpflanzenseminaren bestätigt.

Scharf verträgt den Zusatz von Honig wunderbar, Bitter wird jedoch in seiner Wirkungsweise von einem Honigzusatz wesentlich beeinträchtigt.

Die unterschiedlichen Wirkungen der Geschmacksrichtungen Bitter und Scharf ergänzen sich hervorragend, wenn diese im Wechsel als Zusatz in einem entsprechend ausgewählten Heilpflanzentee bei abnehmendem Mond angewendet werden. Bei zunehmendem Mond braucht der Heilpflanzentee (z.B. Schachtelhalm, Beinwell, Brennessel usw.) nicht unbedingt gewechselt zu werden. Notwendig ist jedoch ein Wechsel zu Gewürzen mit vorwiegend anabolischen Eigenschaften (z.B. Safran). Die Geschmacksrichtung Bitter ist bei zunehmendem Mond wenig wirkungsvoll und sollte kurmäßig nur bei abnehmendem Mond zur Anwendung kommen, während Scharf mit seinen starken energetischen Kräften auch bei zunehmendem Mond Wirkung zeigen kann.

EINE BITTERE UND EINE ANGENEHME ERFAHRUNG MIT BITTERSTOFFEN

Vor einiger Zeit bekamen wir Besuch von unseren Freunden Sandy und Bill aus Sankt Petersburg, Florida. Meine Freundin zeigte mir einen Gesundheitstee, den ein Ayurveda-Arzt ihrem nun schon fast neunzigjährigen Mann verschrieben hatte. Die verordnete Teekur sollte einen guten Einfluß auf die Verdauung haben, den Stoffwechsel anregen und gleichzeitig für eine bessere Verwertung der Nahrung sorgen. Aus Erfahrung weiß ich, daß Männer, besonders wenn sie älter werden, sehr viel empfindlicher auf den Geschmack Bitter reagieren als Frauen. Deshalb fragte ich Sandy, wie Bill auf die Bitterstoffe in dem Tee anspreche. „Nicht sehr positiv", meinte sie, „aber die drei Tassen am Tag, die ihm verschrieben wurden, meistern wir schon gemeinsam, und sie haben ja auch schon eine gute Wirkung gehabt." Das klang sehr überzeugend, und ich merkte, daß das Thema mehr als erschöpft war.

Etwa vier Wochen später neigte sich die Reise unserer Freunde ihrem Ende zu. Vor ihrem Rückflug in die Staaten riefen sie noch einmal bei uns an. Bill beschwerte sich „bitterlich" über den Tee, den er einfach nicht mehr trinken könne. Schluck für Schluck hätte er ihn hinunterquälen müssen. „Grauenhaft", beklagte er sich weiter, und man konnte fast fühlen, wie er sich schüttelte, „was Sandy da jeden Morgen zurechtgebraut hat, hat mir den ganzen Tag verdorben... nein, die ganze Reise!" Danach kamen die aufgeregten Erklärungen meiner Freundin: „Ich habe es schwer mit ihm gehabt... seine Uneinsichtigkeit und Sturheit. Du weißt ja, der Arzt hat ihm drei Tassen am Tag verschrieben, und um das genau einzuhalten, habe ich sogar den Teekocher mit auf die Reise geschleppt. Er trinkt aber seit über vierzehn Tagen nur noch eine Tasse am Tag, und das immer mit großem Theater, so daß ich mit den Nerven völlig fertig bin. Die eine Tasse kann natürlich nicht wirken, obwohl ich sie mit der dreifachen Menge des Tees zubereite, das muß ja wohl von den Inhaltsstoffen her das gleiche sein. Ich habe ihm auch immer einen großen Löffel Honig in den Tee getan, damit es besser schmeckt. Du hattest ja gesagt, alles muß immer schmecken, damit es angenommen wird.“

Wie tief erschüttert ich war, brauche ich ja wohl nicht zu sagen. Wie ich später herausfand, hatte unser Freund Bill auf dieser Reise sehr viel Gewicht verloren, was er sich eigentlich gar nicht leisten konnte. Sein allgemeiner Gesundheitszustand war geschwächt, und er hatte viel von seiner Vitalität eingebüßt. Die Nebenwirkungen der Bitterstoffe bei zu konzentrierter Anwendung, ohne Berücksichtigung des Alters, der individuellen Veranlagung und der Konstitution werden nur zu oft unterschätzt. Die Teekur unseres Freundes hatte am Anfang gute Wirkungen gebracht, doch diese waren nach zehn bis vierzehn Tagen ausgeschöpft. Jetzt hätte ein schwach zubereiteter Tee auch bei zu langer Anwendung keinen Schaden verursachen können. In diesem zart dosierten Tee wäre der Honig der Vitalität sehr dienlich gewesen und hätte sich außerdem wohltuend auf das gesamte Nervensystem ausgewirkt.

Sehr viel vorteilhafter wäre jedoch eine Pause oder der Wechsel zu einem Tee mit anderem Geschmack gewesen. Einseitigkeiten in jeder Form sollte man grundsätzlich vermeiden, und das gilt nicht nur für die Geschmacksrichtung Bitter. Alle sechs Geschmacksrichtungen sind notwendig: Scharf, Bitter, Süß, Salzig, Sauer und Zusammenziehend.

Der Umgang damit und die Dosierung richtet sich ganz nach dem Gefühl jedes Einzelnen. Bewuße Wahrnehmung wird Einseitigkeit und schädliche Gewohnheiten zu verhindern wissen.

Es ist interessant und sollte zum Nachdenken anregen, daß Tiere in der freien Natur, die ihren Geruchs- und Geschmackssinn verlieren, gleichzeitig den Instinkt für die Auswahl ihrer Nahrung einbüßen. Ohne diese beiden eng miteinander verbundenen Sinne geht außerdem der instinktive Gefahrenschutz und die Orientierung verloren, und damit sind Leben und Arterhaltung bedroht. Das Tier ist ohne seinen instinktiven Geruchs- und Geschmackssinn nicht überlebensfähig.

Ein Mensch, der seinen Geruchs- und Geschmackssinn infolge eines grippalen Infekts oder durch andere Einwirkungen verloren hat, ist natürlich noch überlebensfähig, aber auch er ist sehr stark eingeschränkt. Um diesen beiden Sinnen neue anregende Impulse zu geben und zu ihrer Regenerierung/Normalisierung beizutragen, sind Bitterstoffe ausgesprochen gut geeignet. Ist eine solche Anregung erst einmal geglückt (manchmal dauert dies ziemlich lange), werden andere Geschmacksrichtungen ihre Wirkungen zeigen, besonders Süß und Scharf.

Ein wunderbares Erlebnis, das auch mir unvergeßlich bleiben wird, hatte eine Frau bei einer meiner Heilpflanzenwanderungen. Während die Teilnehmer auf einer blühenden Wiese interessiert an den vielen aromatischen Blüten und Blättern schnupperten, bemerkte eine Frau recht traurig, daß sie weder schmecken noch riechen könne. Vor neun Jahren hatte sie durch einen Unfall, ein Schockerlebnis, Geschmacks- und Geruchssinn völlig verloren. Alle Bemühungen von Seiten ihrer Ärzte und in einer Klinik hatten keinen Erfolg gebracht. Man hatte ihr geraten, diese Störung anzunehmen. Da es sich ja nicht um eine Krankheit handle, müsse sie auch ohne zu schmecken und zu riechen recht gut leben können. Als nun meine muntere, recht lustige Gruppe auf der Wiese so vertrauensvoll auf bitteren Löwenzahnstengeln herumkaute, wurde auch diese Frau neugierig. Schließlich entschloß sie sich, auch einen dieser bitteren Stengel zu probieren. Sie kaute eine Weile darauf herum und empfand den vermehrten Speichelfluß, der durch das Kauen und die Bitterstoffe angeregt wurde, als angenehm. Plötzlich nahm sie rechts im Mund einen leicht bitteren Geschmack wahr – und konnte vor Aufregung nicht sprechen. Dieses unfaßbare Erlebnis trieb ihr die Tränen in die Augen. Wie schön, wenn man so etwas Wunderbares miterleben darf!

Unser Geruchs- und Geschmackssinn hat sehr viel mit Instinkt zu tun und damit mit Naturverbundenheit im weitesten Sinne. Wir modernen Menschen haben uns bedauerlicherweise sehr weit von unserer Umwelt entfernt und fühlen uns von ihr als „einer toxischen Gesamtsituation" (Prof. Dr. Eichholz) bedroht. Unsere Handlungen werden immer weniger vom Instinkt geleitet – und unser Geschmack oftmals auch nicht mehr. Wie wäre es sonst möglich, daß unsere Zungen häufig auf Süßes oder Salziges aus sind, auf Stoffe also, die eine nachteilige Wirkung auf unseren Körper haben. Um das Naturgegebene in all seinen feinen Nuancen wieder wahrnehmen zu können, müssen solche Zungen wieder neutralisiert werden – und das braucht seine Zeit.

Hilfreich können besonders Bitterstoffe zu einer Neutralisierung beitragen; auch das Spurenelement Zink soll einen günstigen Einfluß auf Geschmacks- und Geruchsempfindungen haben.

Die kleine, aber doch so bedeutende bittere Erfahrung unserer Freunde Sandy und Bill zeigte mir wieder einmal, wie meisterhaft wir es verstehen, das Einfache kompliziert zu machen.

Die größte Weisheit verrät sich in der einfachen und natürlichen Einrichtung der Dinge, und man erkennt sie nicht, eben weil alles so einfach und natürlich ist.

Johann Peter Hebel

SAFRAN – ein Sonnenscheinbringer für
Körper, Seele und Geist

Safran macht den Kuchen oder den Reis gelb und sonst noch etwas? Viel mehr ist über das teuerste Gewürz der Welt meist nicht bekannt. Wie schade!

Das orangerote Pülverchen wird, wenn es aufglöst ist, sonnengelb. Je stärker seine Konzentration ist, desto tiefer geht der Farbton ins Gold, in dem ein zarter Hauch von Orange schimmert. Diese lebensbejahende Farbe des Lichts, der Sonne symbolisiert in Asien den Frühling mit der Verheißung: „Vergib und vergiß das Alte, alles wird neu."

Die ersten Frühlingsboten wie Huflattich und Schlüsselblümchen sind auch bei uns goldgelb, und ihre Sonnenfarbe bringt andere Farben erst richtig zum Leuchten. Nach einem kalten, lichtarmen Winter kann die intensive Betrachtung dieser goldgelben Frühlingsblüten Sonnenschein in unsere Seele bringen und Freude im Herzen wecken.

Ist es da ein Wunder, daß der goldgelbe Safran in Asien als Allheilmittel angesehen wird, als Sonnenscheinbringer für Körper, Seele und Geist?

Depressionen können mit Safran günstig beeinflußt werden, und das besonders in der lichtarmen Jahreszeit. Er hilft auch bei Menstruationsbeschwerden und Problemen während der Wechseljahre und wirkt aufbauend auf alle Gewebselemente im Körper.

Bedeutend ist seine Wirksamkeit auf das gesamte System der Drüsen und Nerven, die eng miteinander in Verbindung stehen und wechselseitig arbeiten. Ohne

Impulse von den Nerven sondern die Drüsen keine Sekrete ab.

Außerdem ist er ein wichtiger Katalysator, der die Assimilation heilender Substanzen fördert. Deshalb ist Safran ein besonders wertvoller Zusatz in einem Heilkräutertee. Er kann dessen Wirkungsbereich verstärken und erweitern und die Aufnahme der heilenden Substanzen in das tiefer liegende Gewebe unterstützen.

Zur praktischen Veranschaulichung ein paar Beispiele:

Eine heiße Tasse Sommerblütentee wird ihre wohltuenden, stimmungshebenden Kräfte an einem dunklen Wintertag erst voll entfalten können, wenn der Safran sein Licht, seinen Sonnenschein hineinzaubert.

Licht steuert die Lebensvorgänge, also auch unsere Gesundheit. Das elementarste lebenspendende Mittel ist das Licht. Ohne Licht kein Leben.

Eine intensive Beziehung zum Licht schreibt man auch dem Johanniskraut zu. Diese sonnenscheinliebende Heilpflanze gegen Depressionen und Melancholie soll in Verbindung mit Safran besonders wirkungsvoll sein. Der Safran kann durch eigene Einflußnahme die Wirkung auf das vegetative Nervensystem verstärken und gleichzeitig vermittelnd für eine gute Aufnahme sorgen. Ein Johanniskraut-Safrantee kann für eine von dunklen, depressiven Stimmungen geplagten Seele ein wahrer Lichtbringer in der Not sein.

Eine wundervolle Beziehung hat der Safran auch zur Ringelblume. Diese Sommerpflanze (eine meiner Lieblingsblumen) hat zwar einen anderen Wirkungsbereich als das Johanniskraut, aber auch ein Ringelblumentee oder eine Mischung, in der die Ringelblume dominiert, kann durch den Einfluß von Safran wesentlich erweitert werden.

Für Kinder bestens geeignet ist ein Apfeltee mit Zitronensaft, Honig und Safran. Dieser Tee fördert das Wohlbefinden und stärkt die Abwehrkräfte. Außerdem schmeckt er köstlich. Eine Kur mit diesem Tee im Herbst und Winter bringt Sonnenschein nicht nur in die Kinderseele, sondern vermag alle Herzen zu erfreuen.

Auch das Gänsefingerkraut liefert einen bewährten Tee für Kinder, aber natürlich auch für Erwachsene. Im Volksmund ist es als Antikrampfkraut bekannt. Sebastian Kneipp hat das Gänsefingerkraut und seine vielseitigen Heilkräfte hochgelobt. Wenn er zu kranken Kindern gerufen wurde, sagte er oft: „Bringt mir die Anserina!" In einem Gänsefingerkrauttee kann der Safran die krampflösende, beruhigende und entspannende Wirkung wesentlich verstärken. Sehr wohltuend ist ein Tee aus Gänsefingerkraut mit Anis oder Fenchel, dem Safran zugefügt wurde. Bei krampfartigem Husten, eventuell sogar Asthma, wird dieses Getränk hauptsächlich durch den Safran wirkungsvoll. Dieser Tee darf nicht mit Honig getrunken werden. In einem Tee, der Bitterstoffe enthält und auf Leber und Galle wirken soll, kann der Zusatz von Safran den gesamten Stoffwechsel revitalisieren. Auch dieser Tee wird ohne Honig getrunken, denn der Honig würde die Wirkung der Bitterstoffe beeinträchtigen.

Zu beachten ist, daß der Safran nicht zu allen Heilpflanzen paßt und keineswegs automatisch in jeder Mischung die Harmonie fördert und die Wirkung verstärkt. Heilpflanzen und Gewürze müssen genau aufeinander abgestimmt werden.

Die Anwendungsmöglichkeiten von Safran sind damit allerdings längst nicht abgehandelt. Viele Heilpflanzenelixiere und -tinkturen, die ich in Agra bewundern durfte, enthielten unter anderem Safran, wenn auch nur eine Spur. Der Zusatz von Safran soll die Aufnahmefähigkeit des Organismus fördern, und von seinem Einfluß verspricht man sich eine erhöhte Wirkung des ganzen Heilmittels.

Auch äußerlich läßt sich Safran recht vielseitig anwenden. Man kann ihn mit ausgesuchten Heilpflanzen in Salben verarbeiten. Gegen mancherlei Hautbeschwerden hat er sich bewährt (Pigmentveränderungen und Brustwarzenentzündungen). Sehr wertvoll ist er als Zusatz in aus Öl oder Alkohol hergestellten Einreibemitteln. Man kann eine solche Tinktur oder Lotion für Umschläge gegen Entzündungen, Hautirritationen und Schwellungen oder einfach als Pflegemittel benutzen.

Schon im Altertum war der Safran ein königliches Luxusgewürz. Als köstliche Rose der Sarazenen wurde er einst bezeichnet. Seine Heilkräfte waren bei den Römern, Griechen und Persern gleichermaßen hochgeschätzt.

In Indien wird der Safran in Kaschmir angebaut. Auf seine hervorragende Qualität ist man dort sehr stolz. Weitere Anbaugebiete sind Spanien, Marokko, Israel und die Türkei.

Der hohe Preis wird verständlich, wenn man bedenkt, daß nur die Narbenschenkel der Krokuspflanzen gesammelt werden, um als Safran Verwendung zu finden.

Geschmacklich ist Safran allein wohl kaum ein befriedigendes Gewürz, aber er hilft bei der Verdauung von Eiweiß und vermag die Enzymaktivität zu steigern.

Bei einem so vielfältigen Anwendungsbereich und angesichts so wundervoller Wirkungen muß vor einer Überdosierung gewarnt werden. „Viel hilft nicht viel" gilt auch für den Safran, der stets ganz zart dosiert werden sollte. In der Schwangerschaft ist sein Einfluß nicht günstig. Eine Überdosierung kann sogar zu einer Fehlgeburt beitragen. In einem Tee wendet man Safran nicht länger als acht bis zehn Tage kurmäßig an. Die Kur kann nach einer Pause von wiederum acht bis zehn Tagen wiederholt werden. Safran wird immer dem fertigen Tee in der Tasse zugefügt und nicht mit aufgebrüht. Er löst sich gut in dem heißen Getränk, und falls es Schwierigkeiten geben sollte, hilft etwas Zitronensaft.

Eine Vorfrühlingskur mit Safran und pulverisierten Heilpflanzen faszinierte mich und hat mich überzeugt. Man beginnt mit dieser Kur im Februar nach dem Aschermittwoch. Sie sollte nicht länger als acht bis zehn Tage dauern.

Eine Stunde vor dem Frühstück nimmt man pulverisierte Heilkräuter in trockenem Zustand in den Mund, speichelt sie sehr gut ein und schluckt sie. Anschließend trinkt man ein Glas heißes abgekochtes Wasser, in dem man eine Messerspitze Safran aufgelöst hat. Man beginnt mit einem $^1/_4$ Teelöffel Heilpflanzenpulver und steigert bis zu einem gestrichenen Teelöffel. Es eignen sich folgende Heilpflanzen: Majoran, Salbei, Pfefferminze, Thymian, Brennessel, Brennesselsamen, Bibernellwurzel, Schachtelhalm, Wermuth, Beinwell und Selleriesamen.

Das Pflanzenpulver darf nicht gemischt werden, so daß nur eine Pflanze zur Wirkung kommt. Im Magen entsteht durch das heiße Safranwasser eine heilkräftige Mischung. Die Heilkräuter kann man jeden Tag oder auch alle zwei Tage wechseln, zum Beispiel:

$^1/_4$ Teelöffel Salbei oder Thymian die ersten beiden Tage, $^1/_2$ Teelöffel Majoran oder Brennessel die nächsten beiden Tage, 1 Teelöffel Bibernellwurzel oder Brennesselsamen die folgenden beiden Tage, 1 Teelöffel Brennessel oder Pfefferminze den 7. und 8. Tag, $^1/_2$ Teelöffel Majoran oder Thymian die letzten beiden Tage.

Diese Kur kann nach einer Pause Anfang März noch einmal wiederholt werden, ist aber nach Ostern nicht mehr aktuell. Die Heilpflanzen müssen natürlich von allerbester Qualität sein, nicht überaltert oder bestrahlt.

Diese Vorfühlingskur hat eine tiefe Wirkung im ganzheitlichen Sinne. Sie kann die Lebens- und Selbstheilungskräfte aktivieren und ist auch während einer Fastenkur angebracht.

SALZ – ein lebensnotwendiges Gewürz?

Wenn von Gewürzen die Rede ist, darf das Salz natürlich nicht fehlen, obwohl es einen gravierenden Unterschied zwischen Salz und Gewürzen gibt. Gewürze kommen aus dem Pflanzenreich, während das Salz aus dem Mineralreich stammt. Ursprünglich war alles Salz Meersalz, auch das Steinsalz, das aus Bergwerken gefördert wird und aussieht wie schmutziger, lichtloser Bergkristall. Im Ayurveda wird das Steinsalz bevorzugt, und zwar so, wie man es aus der Erde gewinnt. Es darf keine Zusätze enthalten und weder raffiniert noch gebleicht sein. Steinsalz soll in Indien schon sehr viel früher abgebaut worden sein als in Europa. Doch obwohl schon vor weit über 2000 Jahren Salzkarawanen unterwegs waren, gibt es Völker, die völlig ohne Salz auskamen und den Gebrauch von Salz überhaupt nicht kannten. Salz ist also nicht unbedingt ein lebensnotwendiger Stoff, denn diese Menschen erfreuten sich bester Gesundheit.

Als wir in den Süden der USA zogen, riet uns unser Cousin, der schon viele Jahre lang dort ansässig war, Salztabletten einzunehmen, denn sie seien dringend notwendig, um den Salzverlust auszugleichen, der durch das viele Schwitzen entsteht, solange man noch nicht an das warme Klima und die hohe Luftfeuchtigkeit gewöhnt sei. Diese Begründung sprach zwar für die Einnahme von Salztabletten, aber ich konnte mich dennoch nicht mit dem Gedanken anfreunden, Salztabletten einzunehmen. Mein Gefühl sprach einfach dagegen. Ich vertraute darauf, daß mein Körper sich selbstregulierend langsam auf die veränderten Bedingungen einstellen würde.

Viele Jahre später, als das Problem nicht mehr aktuell war, erfuhr ich von meiner Freundin Neva, daß Salztabletten erhebliche Nebenwirkungen haben können und einer schnelleren Akklimatisierung sogar äußerst abträglich gewesen wären. Sie erzählte mir, daß die Indianer den Genuß von Salz früher gar nicht gekannt hätten und daß einige wenige noch heute völlig ohne Salz leben und dabei gesund und leistungsfähig sind. Man sagt außerdem, daß die Indianer unter anderem deshalb äußerlich nicht gealtert sind, weil sie kein Salz verwendet haben.

Allgemein bekannt ist, daß ein gewohnheitsmäßiges Zuviel an Salz die Haut faltig macht und schneller altern läßt und außerdem eine ganze Reihe von gesundheitlichen Störungen mit sich bringen kann. Wie wenig Salz wir wirklich brauchen, zeigt sich an der Zusammensetzung unseres Blutes. Die mineralischen Anteile im Blut machen etwa vier Prozent aus, und schon eine Kleinigkeit weniger oder mehr kann eine ganze Reihe von Störungen mit sich bringen.

Für einen mit westlich wissenschaftlichen Methoden ausgebildeten Chemiker macht es keinen Unterschied, ob mineralische Salze von Pflanzen oder direkt aus dem Mineralreich stammen. Salz bleibt Salz, es wird stets die gleichen chemisch-physikalischen Eigenschaften haben. In Indien habe ich gelernt, daß es durchaus einen Unterschied gibt, und der zeigt sich in den Auswirkungen auf den lebendigen Organismus. Pflanzen haben die Fähigkeit, anorganische Spurenelemente (Metallverbindungen) und Mineralien aus der Erde und aus dem Wasser aufzunehmen und zu verwandeln. Da zwischen Menschen, Tieren und Pflanzen eine sehr enge biochemische Verwandtschaft besteht, werden die von Pflanzen verarbeiteten und auch die von ihnen erzeugten Stoffe eine ganz andere Wirkung auf den menschlichen und tierischen Organismus haben als die anorganischen Stoffe. Diese Wirkung beruht nicht nur auf den Eigenschaften einzelner, isolierbarer Substanzen, auch die Begleitstoffe in der Pflanze sind mit dafür verantwortlich. Die aktiven Wirkstoffe der Pflanzen, zu denen Mineralstoffe und Spurenelemente gehören, werden vom Organismus genutzt und wieder ausgeschieden. Bei einem Überangebot an anorganischen Salzen kann es im Körper leichter zu Ablagerungen kommen und dadurch zu vielfältigen Störungen. Die Funktion einzelner Organe kann beeinträchtigt und Alters- und Degenerationserscheinungen können hervorgerufen werden.

Obwohl heute sehr viel Mißbrauch mit Salz getrieben wird, sollten wir es nicht ganz verwerfen. Salz hat unter anderem die Eigenschaft, die Verdauung günstig zu beeinflussen und einen schwachen Magen in seiner Tätigkeit zu unterstützen. Es regt an, kann blutreinigend wirken und die Nerven beruhigen und stärken. Das alles setzt natürlich voraus, daß es maßvoll genossen wird. Übermäßiger und zu häufiger Genuß von Salz kann die Verdauungsorgane schwächen und reizen, schadet den Nieren und ruft ein krankhaftes Aussehen hervor. Außerdem leidet unser Geschmacks- und Geruchssinn dann so, daß wir das Einfache und Natürliche in unseren Speisen und Getränken nicht mehr wahrnehmen können. Irgendwann schmeckt alles fade, und man verlangt nach immer stärkeren Dosen. Wie andere Gewürze auch soll das Salz eingesetzt werden, um die in Speisen und Getränken schlummernden Potenzen mehr zum Vorschein zu bringen. Dann kann unsere Nahrung unsere Medizin sein.

Wenn Gemüse oder Getreide in Wasser gekocht wird, braucht es einen Zusatz von Salz. Dünstet man Gemüse jedoch im eigenen Saft mit etwas Öl oder geklärter Butter, ist fast kein zusätzliches Salz nötig. Durch das Dünsten im eigenen Saft entwickeln sich im Gemüse biochemische

Salze, und ein Gemüse, das zu lange gedünstet wurde, kann salzig schmecken, obwohl kein Salz hinzugefügt wurde. Ich dünste fast jedes Gemüse schonend und möglichst ohne Wasser, ganz besonders meine Wildpflanzengerichte. Wenn wirklich etwas Wasser zugesetzt werden muß, um ein Anbrennen zu verhindern, gebe ich nur soviel zu, wie das Gemüse aufnehmen kann, damit so wenig Salz wie möglich zum Abschmecken des Gerichtes gebraucht wird.

Ausgesprochen fasziniert war ich von einem Rezept zur Zubereitung eines Eintopfs nach den neuesten ernährungswissenschaftlichen Erkenntnissen. Das Gemüse für diesen Eintopf wurde nicht wie üblich in Wasser gekocht und ausgelaugt, sondern langsam in etwas geklärter Butter und kaltgepreßtem Öl gedünstet. Durch diesen Prozeß entwickeln sich die so wertvollen biochemischen Salze. Die Brühe wurde separat mit ausgewählten Gewürzen zubereitet und dem Gemüse zum Ende der Garzeit zugefügt. Brühwürfel, Extrakte und Fertigsoßen, gleich welcher Art, wurden von den Verfassern dieses Rezeptes abgelehnt (einzige Ausnahme: Hefeflocken ohne Zusätze).

Die Harmonie eines liebevoll zubereiteten Gerichts wird durch diese Zusätze gestört, der Säure-Basehaushalt ungünstig beeinflußt, und außerdem verfälschen sie unseren Geruchs- und Geschmackssinn. Fast alle Fertiggerichte, Tiefkühlkost, Fertigsoßen aus der Flasche wie aus der Tüte, Suppen, Gemüsekonserven, fertige Gewürzmischungen, Wurst- und Gebäcksorten enthalten Geschmacksverstärker (Glutamin). Das ist zwar eine Aminosäure, die vom Körper selbst gebildet werden kann und eine bedeutende Rolle im Stoffwechsel spielt, aber in dieser Menge genossen, kann sie schädliche Auswirkungen haben und das Gleichgewicht im Körper empfindlich stören. Geschmacksverstärker stehen beispielsweise im Verdacht, das Wachstum bestimmter „Pilze" im Darm zu begünstigen. Naturbelassenes Salz, nicht raffiniert und gebleicht und ohne irgendwelche Zusätze, sparsam verwendet, wird das Gleichgewicht in unserem Körper nicht gefährden.

Der Gebrauch von Salz ist aber nicht auf Speisen beschränkt. In einem Heilpflanzentee kann sich eine Prise Salz günstig auf den Wirkungsbereich der Heilpflanze auswirken. Zum Beispiel wirkt ein mit Salzwasser überbrühter Salbeitee zum Gurgeln desinfizierend und heilend zugleich.

Zur Reinigung und Stärkung der Schleimhäute im Nasen- und Mundbereich ist Salz von unschätzbarem Wert. Ein Beispiel: Sie sind erkältet, fühlen sich hundeelend und sitzen mit völlig verstopfter Nase vor einer heißen Tasse Heilkräutertee, die gegen Erkältung wirken soll. Sie ist liebevoll mit frischem Zitronensaft zubereitet und mit bestem Imkerhonig gesüßt. Doch was nützt das alles, wenn die verstopfte Nase nichts von dem lieblichen Duft dieses köstlichen Getränks einatmen kann? Der Weg zur Erleichterung der Erkältung ist zwar richtig gewählt, aber es gibt einen viel kürzeren.

In ein Glas, das bis zum Rand mit warmem Salzwasser gefüllt ist, steckt man die gepeinigte Nase und zieht das Salzwasser hoch, möglichst so, daß es zum Mund wieder hinausfließt. Danach hält man abwechselnd das rechte und das linke Nasenloch zu und versucht, die verstopfte Nase durch leichtes Ausblasen zu reinigen. Wenn das Probleme bereitet, kann man die Nase an beiden Seiten leicht massieren oder den Kopf ein wenig hin und her drehen. Es kann auch hilfreich sein, die Ohren etwas auszuschütteln. Und wenn alles schön frei und sauber ist, wenden Sie sich wieder Ihrem köstlichen Heilkräutertee zu und nehmen seine wohltuende Ausstrahlung tief einatmend in sich auf. Es ist erstaunlich, wie schnell man eine Erkältung mit so einfachen Mitteln loswerden kann.

Die Nasenspülung sollte immer mit Salzwasser gemacht werden, weil dann kein Druck im Kopf entstehen kann. Ein Zusatz von Heilkräutern, wie Kamille, Salbei oder Gundelrebe, kann manchmal angebracht und hilfreich sein. Zur täglichen Reinigung und um die Schleimhäute zu stärken, ist Salzwasser jedoch völlig ausreichend.

Meine Yogaausbildung in Indien begann mit dem Erlernen einiger Reinigungstechniken, unter anderem der Nasenspülung, und ich habe mich anfangs sehr ungeschickt dabei angestellt. Mein fünfjähriges Enkeltöchterchen Janina hingegen hatte überhaupt kein Problem mit dem Erlernen der Nasenspülung und macht sie täglich so selbstverständlich wie Zähneputzen. Janina litt früher ständig unter Ohrenschmerzen und häufig unter Schnupfen. Seitdem sie die Nasenspülung macht, hat sie keine Ohrenschmerzen mehr, und kein festsitzender Schleim stellt einen Nährboden für Infektionen mehr zur Verfügung, wenn wirklich mal ein Schnupfen kommt.

Während meines Aufenthalts in Indien war ich einmal gemeinsam mit meinem Gastgeber, Dr. Khanna, und einem Arzt aus Neu Delhi in dem Gebiet des Himalaja unterwegs, das man als die Schwarzen Berge bezeichnet. Der Arzt war dort im Auftrag der indischen Regierung, um die Impfpässe der Kleinkinder zu kontrollieren. Es war ein herrlicher Frühlingstag in über 2000 Metern Höhe. Der Himmel war tief blau und die Luft kristallklar bei nur 23 Prozent Luftfeuchtigkeit. Plötzlich gab es einen leichten Wind, und von den Bäumen zu uns herunter schwebten ganze Wolken aus gelben Blütenpollen, die uns vollständig einhüllten. „Atme tief ein, das ist heilsamer Frühlingsstaub", rieten mir die beiden Ärzte, die selbst tief Luft holten. Die intensive Pollenwolke hatte mich so überrascht, daß ich zunächst sprachlos war, aber dann erzählte ich von den vielen Pollenallergikern bei uns. Beide Ärzte waren mehrmals in Europa gewesen und kannten das Problem, sahen es jedoch etwas anders, als es hierzulande meist gesehen wird.

Blütenpollen (genau wie Hausstaub, Tierhaare und vieles mehr) können nicht die Ursache einer Allergie sein. Vielmehr sind überempfindliche Reaktionen auf bestimmte Reize Notsignale eines geschwächten Organismus. Die Wegbereiter einer Überempfindlichkeit sind je nach Temperament und individueller Veranlagung unterschiedlich, aber sie sind niemals die eigentliche Ursache.

Unser Körper ist das Instrument unserer Seele und der Wohnsitz unseres Geistes. Er ist ein zeitlich begrenztes Geschenk unseres Schöpfers, für dessen Pflege, Nahrung und Reinigung, für dessen Wohlbefinden und Harmonie wir selbst verantwortlich sind. Zu einer ganzheitlichen Pflege dieses Wunderwerks gehört nicht nur eine einfache, möglichst naturbelassene Ernährung, sondern auch eine bewußte innere Hygiene. Durch bestimmte Reinigungstechniken (wie die Nasenspülung) werden Blockaden beseitigt, damit Energieströme ungehindert zirkulieren können. Über allem sollte eine positive, lebensbejahende Einstellung stehen, die alles zu meistern imstande ist und eine Lebensfreude entzündet, die von innen nach außen strahlt.

Salzweinbrand mit Heilkräutern

Zutaten: ¹/₂ Liter Weinbrand
1 Teelöffel Meer- oder Steinsalz
eine Handvoll Heilkräuter, zum Beispiel:
Breitwegerich

Spitzwegerich
Hirtentäschel
Gänsefingerkraut
Borretsch
Schafgarbe
Ringelblume
Holunderblätter
Holunderrinde
Beifuß
Roter Klee
Rainfarn
Pestwurz
Kastanienblätter

Von diesen Heilkräutern wählt man zwei, höchstens drei aus. Es sollten nur frische Pflanzen verwendet werden. Die aufgeführten Pflanzen gehören zu den wachstumsfreudigen „Sonnenkräutern" und sind überall zu finden. Man sollte sie jedoch nicht vom Straßenrand, in Hundeauslaufgebieten und von industriell bearbeitetem Land sammeln.

Zubereitung
Die Heilkräuter werden zerkleinert und mit dem halben Liter Weinbrand zwei bis drei Wochen lang angesetzt. Dann wird das Ganze durch ein Tuch abgefiltert und mit einem Teelöffel Salz vermischt. Man schüttelt so lange, bis sich das Salz vollständig aufgelöst hat (fünf bis sieben Minuten lang).
Dieser Salzweinbrand ist jahrelang haltbar und sehr heilkräftig. Er muß dunkel aufbewahrt werden!

Wirkungsbereich
Das Rezept für diesen Salzweinbrand stammt von meiner Großmutter, die ihn immer vorrätig hatte, denn zu

ihrer Zeit gehörte er zu den Allheilmitteln. Er galt als vorzügliches Einreibemittel für den ganzen Körper. Sehr selten wurde er auch innerlich verabreicht.

Seine äußerliche Anwendung sollte in Verbindung mit einer Heilkräuterteekur die blutreinigende, entgiftende und entschlackende Wirkung des Tees unterstützen. Die Heilpflanzen, mit denen er angesetzt wird, haben alle einen wundheilenden, desinfizierenden Einfluß auf die Haut und eignen sich von daher auch zur Herstellung von Salben. Bei allergischen Hautproblemen, die heute leider sehr weit verbreitet sind, muß man allerdings vorsichtig sein. Sie gehören in die Hand eines Arztes.

Salzweinbrand mit Heilkräutern unterstützt sämtliche Hautfunktionen und vor allem die Tätigkeit der Haut als Ausscheidungsorgan. Das Salz bindet die ätherischen Öle des Alkohols und wirkt wohltuend und erfrischend auf den ganzen Körper und bis ins Gehirn. Der Weingeist zieht die Poren zusammen, aktiviert die Haut und regt den Blutumlauf an. Durch die Poren gelangt das Salz in das darunterliegende Zellgewebe und regt dort die Zellteilung an. Diese Wirkungen werden durch die der Heilpflanzen, die mit dem Alkohol angesetzt werden, verstärkt und können durch die zusätzliche Einnahme eines Heilpflanzentees noch weiter intensiviert werden.

Dieser Salzweinbrand ist hin und wieder (nicht zur Daueranwendung) ein vorzügliches Einreibemittel. Besonders hilfreich ist er im Wechsel der Jahreszeiten, und auch bei einfachem Wetterwechsel ist er manchmal angebracht.

Wer sehr trockene Haut hat, sollte sich nach einer Abreibung mit Salzweinbrand mit Mandelöl einreiben, niemals jedoch mit Vaseline (Melkfett). Dieses Mineralöl macht die Haut zwar oberflächlich geschmeidig, verschließt aber die Poren und verhindert damit, daß toxische

Substanzen abgegeben werden können. Die Haut kann sich dann nicht mehr selbst reinigen und wird in ihrer Funktion als Ausscheidungsorgan beeinträchtigt. Außerdem entzieht Mineralöl der Haut Feuchtigkeit und fettlösliche Vitamine, wohingegen Pflanzenöle von jeder Haut dankbar aufgenommen werden.

Salzweinbrand hat eine intensive Ausstrahlung. Diese tief einzuatmen, sogar durch den offenen Mund, soll gut für den Hals sein und die Stimme stärken.

Zu Lebzeiten meiner Großmutter – das war so um die Jahrhundertwende – wurde empfohlen, bei bestimmten Beschwerden wie Gicht, Rheuma, Zuckerkrankheit und dergleichen die Fußsohlen und Zehen mit Salzweinbrand einzureiben. Auch in die Kopfhaut wurde er einmassiert.

Im Vorfrühling bei abnehmendem Mond wirken solche Abreibungen wie ein gründlicher Frühjahrsputz, der sich innerlich mit einem Heilpflanzentee unterstützen läßt.

Vanille (Vanilla planifolia)

VANILLE – die geheimnisvolle Königin aus Mexiko

Vanille ist ein rankendes Orchideengewächs von zauberhafter Schönheit, das in seiner mexikanischen Heimat seit undenklichen Zeiten als Liebeszauber gilt. Schon die Azteken wußten diese Pflanze medizinisch zu nutzen: als nervenberuhigendes Mittel, das einen direkten Einfluß auf die Funktion bestimmter Organe ausübt.

Vanille wirkt besänftigend und ausgleichend, wenn Aufregung und Kummer „an die Nieren gehen", wenn das Herz vor lauter Angst und Schrecken stehenbleibt, aber auch, wenn vage, heimliche Ängste die Seele quälen.

Es ist erschreckend, wie verbreitet die Angst gerade in unserer fortschrittlichen und aufgeklärten Welt ist und wie viele jüngere Menschen von einer Lebensangst geplagt werden, die sie das Schöne und Wertvolle nur noch verschattet am Rande wahrnehmen läßt.

Es scheint lächerlich, gegen so ernste Probleme ein Mittel wie die Vanille vorzuschlagen – und doch, zart flüsternd verteilt und verweht sie die Ängste. „Ob es dir bewußt ist oder nicht, es besteht kein Zweifel, daß das Universum sich so entfaltet, wie es sich entfalten soll. Trotz aller Falschheit, trotz aller Mühsal und all der zerbrochenen Träume ist es dennoch eine schöne Welt. Sei vorsichtig und strebe danach, glücklich zu sein!" (Baltimore 1693, gefunden in einer alten Kirche)

Können Sie sich vorstellen, daß das naturidentische Vanillin aus dem Labor ähnlich feinsinnige Botschaften für Ihre Seele bereithält und ähnlich viel Vertrauen und Zuversicht wecken kann wie die geheimnisvolle Königin aus Mexiko? Nun, auf einen flüchtigen, oberflächlichen Kitzel für die Zunge und die Nase versteht es sich sicher auch. Zu unserem Herzen hat es aber keine Verbindung und auch keine Beziehung, denn es ist seelenlos.

In der Saison ist Vanille das ganze Jahr über. Sie vermag uns auf Festlichkeiten einzustimmen und verbreitet eine wundervolle Stimmung. Sie schmeichelt dem Herzen und verbindet es gefühlvoll mit dem Verstand.

Sie paßt in heiße Schokolade, aber auch zum Kaffee sowie in schwarzen oder grünen Tee. Viele Heilkräutertees werden durch Vanille bereichert. In einem Kakaoschalentee verstärkt sie den guten Einfluß auf die Nieren und die anregende Wirkung auf das Nervensystem. Sie regiert gern allein, paßt sich aber auch an und wertet das Aroma anderer Geschmacksrichtungen auf, ohne sich selbst zu verlieren. Sie verführt auf geheimnisvolle Weise zum Genießen. Ausgleichend kann sie die Bildung von Säuren im Magen verhindern. Deshalb fördert Vanille in einem Obstsalat die Harmonie. Sie vermag die Obstsäuren zu neutralisieren und ganz besonders gedünstetes Obst leichter verdaulich zu machen. Sie betont die natürliche Süße einer Frucht, und das besonders in Verbindung mit Zimt.

Wer ihre Ausstrahlung nicht liebt, kann sich meist auch beim besten Willen nicht mit ihr anfreunden. Ihre Gunst erweist sie nur ihren Liebhabern. Doch auch von ihren Anbetern fordert diese geheimnisvolle Königin Ehrerbietung und Achtung. Nur wohl dosiert lächelt sie liebevoll. Bei Mißbrauch und Übertreibung zeigt sie, daß sie auch giftig sein kann. Nur die Dosis macht ja bekanntlich das Gift. Ganz besonders trifft dies für die Vanille zu. Kurmäßig ist sie deshalb nicht anwendbar.

WACHOLDER – ein Wächter unserer Gesundheit

In früheren Zeiten grüßte man den Holunder, indem man den Hut vor ihm zog. Vor dem Wacholder aber ging man in die Knie und senkte den Kopf. Diese dunkle Baumgestalt mit ihren mächtigen, geheimnisvollen Kräften ist im Laufe der Jahrhunderte immer wieder neu beschrieben worden.

Im Ayurveda gehören die Wacholderbeeren zu den wärmenden Diuretika, die die Körpertemperatur erhöhen, innere Kälte und Verkühlungen beseitigen, den Kreislauf anregen, das Lymphsystem reinigen und eine antirheumatische Wirkung haben.

Ähnlich beschrieben die alten Ägypter die Heilkräfte der aromatischen Beeren, der Zweige und des Holzes. Ein sehr hohes Ansehen genoß der Wacholder, ein Zypressengewächs, das 500 Jahre alt werden kann, im Mittelalter. Man lobte seine stark desinfizierenden Wirkung gegen ansteckende Krankheiten, verwendete ihn bei Lungen- und Leberbeschwerden und ganz besonders bei Nieren- und Blasenleiden.

Die Wacholderbeerenkur nach Sebastian Kneipp, die man 23 Tage lang durchführt, ist auch heute noch recht bekannt, ebenso wie die Wacholderkur, bei der man drei bis vier Wochen lang jeden Tag fünf bis acht Beeren kaut, und zwar morgens auf nüchternen Magen.

Wacholderbeeren sind wirksam zur Blutreinigung, gegen Stoffwechselstörungen, bei Rheuma und Gicht, bei Erkältungen sowie bei Nieren- und Blasenleiden – kurz, sie wachen über unsere Gesundheit in ihrer Gesamtheit.

Zur Daueranwendung sind sie jedoch nicht geeignet, und überhaupt nicht angebracht sind sie bei einer akuten Nierenentzündung sowie während der Schwangerschaft.

Wacholderbeeren eignen sich hervorragend als Zusatz in einem Heilkräutertee. Sie können für die Heilkräuter wegweisend sein und ihren Einfluß auf bestimmte Organe verstärken. Außerdem haben sie eine stark desinfizierende Wirkung.

Die Beeren sollten erst unmittelbar vor der Zubereitung zerkleinert, sofort mit kaltem Wasser übergossen oder dem kochenden Tee hinzugefügt und nur einmal aufgekocht werden. Sie verlieren sehr schnell an Wirksamkeit, wenn sie überaltert sind. Ihr wunderbares Aroma gibt einem Heilkräutertee und auch einer Brühe einen feinen Wohlgeschmack. Sehr wirkungsvoll sind sie im Wechsel mit Koriander, aber auch mit anderen Gewürzen. Sie eignen sich als Zusatz zu allen in diesem Buch angegebenen Heilpflanzen (nicht zur Daueranwendung), ganz besonders zu Leinsamen, Schachtelhalm und Weißdorn.

Möchten Sie die geheimnisvollen Mächte dieser dunklen Baumgestalt noch näher kennenlernen? Dann bereiten Sie sich doch mal das folgende Zaubergetränk zu.

Wacholderkaffee

Leicht geröstete Wacholderbeeren werden zusammen mit einigen Kaffeebohnen (Demeter-Kaffee) gemahlen. Auf eine Tasse Wasser nimmt man einen Teelöffel dieses Kaffee-Wacholderpulvers, setzt dieses mit kaltem Wasser an und bringt es langsam zum Aufwallen, ohne es weiter kochen zu lassen. Nach etwa fünf Minuten seiht man den Kaffee ab. Serviert wird er mit Honig und Schlagsahne nach Geschmack.

Wirkungsbereich
Dieser Wacholderkaffee wirkt anregend, ohne aufzuregen, stärkt den Magen und hilft bei der Verdauung. Er ist blutreinigend und mobilisiert die Abwehrkräfte. Bei Frühjahrsmüdigkeit, Energiemangel und dergleichen ist dieses Getränk der ideale Muntermacher. Bei den ersten Anzeichen einer Erkältung weckt es die Abwehrkräfte und mobilisiert auf wunderbare Weise.

Zur Daueranwendung ist es jedoch nicht geeignet.

Derselbe Freund, der mich mit diesem Wacholderkaffee bekannt gemacht hat, verriet mir gegen Erkältungen noch ein anderes Wacholderrezept:

Vor dem Zubettgehen trinkt man ein Glas heiße Limonade aus dem „Sonnensaft" einer Zitrone mit Honig und drei Eßlöffeln Gin (Wacholderbranntwein). Gin, so meinte unser Freund, gehöre in jeden Medizinschrank. Nur Wacholderbeeren müsse man immer frisch kaufen, da sie schnell ihre Wirkung verlieren. Außerdem empfahl er, von Zeit zu Zeit sechs Wacholderbeeren jeweils morgens nüchtern und nach einer Mahlzeit zu kauen. Sie verbessern die Mundflora, wirken Pilzinfektionen entgegen und beleben Magen, Nieren und Lunge.

ZIMT – eine Jugendliebe

Ganz besonders in den Jahren, in denen ich das Weihnachtsfest unter südlicher Sonne, Palmen und blühenden Blumen erleben durfte, brachte mich der Geruch von Gebäck oder Getränken, die mit Zimt zubereitet waren, geradewegs zurück zu den Weihnachtsfesten meiner Kindheit und gab mir dasselbe wohlige Gefühl der Geborgenheit, das ich damals gefühlt habe, und zu meinem Erstaunen manchmal sogar die kalten Füße, unter denen der trockene Schnee geknirscht hatte.

In der Nacht vor Heiligabend nach Kriegsende 1945 durfte ich meiner Mutter helfen, Zimtsterne zu backen, die wir dann, sorgfältig abgezählt und liebevoll mit einem Tannenzweig geschmückt, auf Tellerchen gelegt haben – unsere einzigen Geschenke zu diesem Weihnachtsfest. Ein Zimtsternchen hat meine Mutter geteilt, und wir beide kosteten es. Mit mehr hätten wir uns schuldig gemacht, meinen schlafenden Geschwistern und meinem Vater etwas weggegessen zu haben. Wir waren sehr stolz und glücklich, eine so köstliche Überraschung zubereitet zu haben.

Wenn ich heute daran zurückdenke, wie wir uns diese Köstlichkeiten, trotz unseres großen Appetits, eigentlich Hungers, freiwillig so einteilten, daß wir uns noch am ersten und zweiten Weihnachtsfeiertag auf diesen besonderen Genuß freuen konnten, muß ich lächeln.

Als mir der Zimtbaum in Asien als Heilpflanze vorgestellt wurde, war ich aufs neue fasziniert von meiner Jugendliebe. Dieser immergrüne asiatische Baum gehört zu den Lorbeergewächsen und kann eine Höhe von zehn bis zwölf Metern erreichen. In all seinen Teilen gilt er als heilkräftig und wird in seinen Heimatländern als Heilbringer verehrt. Die fast zwanzig Zimtarten sind alle hocharomatisch, wenn auch in ihren Heilwirkungen etwas unterschiedlich. In den USA bevorzugt man chinesischen Zimt. Sein Einfluß auf die Verdauungsfunktionen und den Kreislauf soll stärker stimulierend sein. Als echter Zimt wird der Zimt aus Sri Lanka bezeichnet. Im allgemeinen ist es die dünne Rinde der jungen Zweige, die auch in Pulverform angeboten wird.

Seit Tausenden von Jahren werden Wurzeln, Blätter, Rinde, Knospen und Blüten des Zimtbaumes als Gewürz und zu medizinischen Zwecken benutzt.

Über die Wunderwirkungen dieses Baumes ließe sich ein ganzes Buch schreiben. Doch konzentrieren wir uns auf den Teil unseres Wunderbaumes, den man hier in Europa zu kaufen bekommt: die Rinde.

Zimt hat einen Einfluß auf den Kreislauf, das Knochengewebe, die Harnwege, die Atmung, die Verdauung und das Nervensystem; er vermag die Durchblutung zu fördern und Blutungen zu stillen. Er wirkt verdauungs- und appetitanregend, fäulnisverhindernd, leicht adstringierend, antiseptisch, antiparasitisch und ganz besonders nervenstärkend und harmonisierend.

Angesichts eines so vielfältigen Wirkungsbereichs ist die Empfehlung verständlich, wenigstens an einigen Tagen im Monat einen Heilpflanzentee mit Zimt zu trinken. Bei ganz einfachem Unwohlsein, auch stimmungsbedingt, kann Zimt als seelisches Umstimmungsmittel das allgemeine Befinden harmonisieren.

Einen nicht zu unterschätzenden Einfluß soll er auf die Bauchspeicheldrüse und damit auf den Glukosestoffwechsel haben.

In einem Heilpflanzentee erhöht er die Aufnahmefähigkeit des Körpers. Er ebnet den Heilpflanzen den Weg und sorgt dafür, daß ihre Substanzen besser angenommen werden. Zum Beispiel kann das in einem Bronchialtee der Fall sein. Das ätherische Öl des Zimt wird durch die Lunge abgesondert. In einem Heilpflanzentee für Nieren, Blase und Harnwege trägt Zimt zur desinfizierenden Wirkung bei. Auch vermag er die Nieren, unser so gefühlvolles „Seelenorgan", liebevoll durchwärmend anzuregen. Menschen mit einer schwachen Konstitution vermag er zu stärken. Sehr nachdrücklich wurde ich auf seinen besonders günstigen Einfluß in einem Heilkräutertee für Frauen hingewiesen.

Frauenmantel, Schafgarbe, Johanniskraut und besonders die blühende Weiße Taubnessel werden durch die Zugabe von Zimt wesentlich in ihrer Wirkung verstärkt. Zimt hilft, den Menstruationszyklus zu regulieren, und ist nach einer Entbindung und bei Wechseljahresbeschwerden angesagt. Auch auf unser psychisches Gleichgewicht hat Zimt eine tiefe, geheimnisvolle Wirkung, die die Lebenskräfte stärken und die Selbstheilungskräfte wecken kann.

Ist es da ein Wunder, daß Zimt in Asien fast wie Ingwer als universelles Hausmittel gilt? Mit dem Ingwer ergänzt sich Zimt recht gut, aber auch mit Schwarzem Pfeffer und Cayennepfeffer. Sehr aromatisch und wirkungsvoll ist er in Verbindung mit Lorbeerblättern und Kardamom oder Nelken und Piment.

Allerdings sollte niemals zu viel gemischt werden. In einem Heilkräutertee genügt oft Zimt allein. Stangenzimt wird mit dem kalten Wasser angesetzt, Zimtpulver kann dem Tee auch in der Tasse zugefügt werden.

Der Zimt und besonders das durch Wasserdampfdestillation aus ihm gewonnene ätherische Öl gilt in Asien seit uralten Zeiten als unersetzliches und unentbehrliches Heilmittel für Frauen. Es ist antibakteriell und soll hemmend und verhindernd auf Pilzinfektionen (Candida albicans) wirken. Das hochwertigste ätherische Zimtöl wird in Sri Lanka hergestellt. Nur beste und reinste Qualität wird den höchsten Ansprüchen genügen können. Mit diesem Öl habe ich selbst beste Erfahrungen gemacht. Die innere Verträglichkeit ist sehr gut, wenn es kurmäßig einige Tage lang tropfenweise angewendet wird. Auf das Drüsensystem, das mit den Energiezentren korrespondiert und in Verbindung mit dem Nervensystem arbeitet, wirkt es belebend und sorgt damit für Vitalität und Frische. Wie der Zimt selbst gehört auch das Zimtöl zu den ganzheitlichen Verjüngungsmitteln. Einst zählte es zu den heiligen Ölen, die sorgfältig gehütet wurden und nur wenigen Menschen zugänglich waren.

Kurmäßig kann Zimt acht bis zehn Tage lang angewendet werden. Hervorragend bewährt hat er sich im Wechsel mit anderen Gewürzen. Mit seinen unterschiedlichen Wirkungsbereichen paßt er sich an Mondphasen und Jahreszeiten an, allerdings sollte man die Heilpflanzen, mit denen er eine Verbindung eingehen soll, ihrem Rhythmus entsprechend einsetzen. Auch sollte man darauf achten, wie man auf das Aroma des Zimt anspricht. Manchen Menschen ist seine Ausstrahlung in den frühen Morgenstunden nicht sympathisch, wohl aber am Nachmittag und besonders am Abend.

Ackerschachtelhalm (Equisetum arvense)

DER ACKERSCHACHTELHALM –
eine Heil-heilig-Pflanze

Die Anregung, über diese Pflanze zu schreiben, bekam ich von einer hübschen jungen Frau, die mir erzählte, wie tapfer sie Tee aus diesem widerlich schmeckenden Kraut getrunken, ja „hinuntergequält" hatte, und das anderthalb Jahre lang. Welche großen Hoffnungen hatte sie gehabt, und wie bitter war sie enttäuscht worden! „Es hat mir absolut nichts gebracht", sagte sie entrüstet und traurig zugleich.

Ach je, da hatte aber auch gar nichts gestimmt, weder die Dosierung noch die Zubereitung und die Anwendungsdauer, und leider konnte auch von einer Beziehung zu dieser ganz besonderen Heilpflanze keine Rede sein. „Heil" und „heilig" liegen manchmal ganz nah beieinander. Und kann etwas Heiliges, Heilbringendes mit Widerwillen erzwungen werden?

Betrachten wir diese Pflanze einmal etwas näher. Tief in der Erde sammelt sie ihre Kraft. Ihre Wurzeln können einen bis anderthalb Meter tief reichen. Einst waren diese Wald- und Flurwedel, auch Pferdeschwänze (horse tails) genannt, große Bäume, die ganze Wälder bildeten. In fast allen Kulturen unserer Erde, überall da, wo der Ackerschachtelhalm wächst, findet man Erfahrungsberichte und Aufzeichnungen über seine außergewöhnlichen Heilkräfte. In der Ayurveda-Pflanzenheilkunde wird ähnliches über Zubereitung, Verwendungsmöglichkeiten und Wirkungsbereich dieser Pflanze gesagt wie bei den Indianern Nordamerikas. Auch bei uns in Europa wird sie seit langer Zeit hochgeschätzt. Hildegard von Bingen empfiehlt sie ebenso wie Paracelsus und Pfarrer Künzli, und Sebastian Kneipp sorgte in ganz besonderer Weise dafür, daß diese Pflanze nicht in Vergessenheit geriet.

Die Wirkung des Ackerschachtelhalms läßt sich natürlich einerseits anhand der nachweisbaren Inhaltsstoffe erklären, die er aus der Erde emporbringt, aber da ist noch viel mehr. Geheimnisvolle Kräfte besitzt diese ungewöhnliche Pflanze, die sie an die Menschen vermittelt, die sich ihr zuwenden und sie von ihrem Heimatboden sammeln. Geheimnisvoll sind diese Kräfte, weil es dafür keine Erklärung gibt und weil sie dennoch vom Gefühl deutlich wahrgenommen werden können. Sie intensivieren die Beziehung zur Mutter Erde und fördern Vertrauen, Harmonie und inneres Gleichgewicht. „Um die Weite des Himmels ungestört genießen zu können, ist eine feste, gute und geordnete Beziehung zur Mutter Erde unbedingt notwendig", lautet eine Weisheit der Indianer. Diese naturverbundene Denkweise ist auch in anderen Kulturen zu finden – und auch uns sollte sie nicht ganz fremd sein. Unser Körper, in dem wir eine Zeitlang leben, besteht aus den Elementen, aus denen auch unsere Mutter Erde besteht. Sie läßt uns leben, mit ihr und in ihr. In ihr liegt die Ordnung für unser Heil. Sie verbindet uns mit dem Himmel. Heil und heilig – so nah beieinander!

Wenn Sie den Ackerschachtelhalm selbst sammeln möchten, sollten Sie die Pflanze einwandfrei erkennen und bestimmen können. Aber das ist selbstverständliche Voraussetzung für das Sammeln aller Pflanzen. Die Sammelzeit beginnt, wenn aus den Kolbenstengeln ein kleines, stabiles Wedelbäumchen geworden ist: etwa Ende Mai oder Anfang Juni, je nach Wetterverhältnissen. Interessant ist, daß der Ackerschachtelhalm sehr stark dem Einfluß des Mondes unterliegen soll. Man beginnt demnach mit dem Sammeln, wenn der zunehmende Mond die erste Hälfte überschritten hat. Bei Vollmond im Juni, Juli und August gilt die Pflanze als besonders heilkräftig. Sie muß jedoch nicht nachts im Mondschein geschnitten werden, obwohl ich es sehr romantisch fand, als ich dabei war, wie dieses doch recht geheimnisvoll anmutende Kraut in einer warmen Sommernacht geschnitten und in große Körbe gepackt wurde.

Bei uns in Mitteleuropa ist es meist die Sonne, die die Richtung angibt, wenn es um das Sammeln von Heilpflanzen geht. Wenn man auf einen günstigen Sonnen- und Mondstand wartet, kann es vorkommen, daß die Pflanze bereits aus der Saison heraus ist und ihren Höhepunkt überschritten hat. Ich habe mir sagen lassen, daß der Ackerschachtelhalm auch an einem wolkenreichen Tag ohne Sonne, aber unter dem Einfluß des zunehmenden Mondes, bis über den Vollmond hinaus gesammelt werden kann und daß die Pflanze niemals einen negativen Einfluß hat, noch nicht einmal, wenn sie bei Neumond gesammelt wird. Ihre Heilkraft ist dann nur nicht mehr auf dem Höhepunkt. Das ist auch der Fall, wenn man noch im September sammelt.

Bei einer Kur mit unserer Heil-heilig-Pflanze wurde ich noch einmal besonders auf den Einfluß des Mondstandes aufmerksam gemacht, der bei der Anwendung dieser Heilpflanze bedeutender ist als die Jahreszeit. Der Ackerschachtelhalm kann stärkend, festigend und aufbauend, aber auch reinigend und entgiftend wirken und wird je nach Mondphase unterschiedliche Wirkungen zeigen. Die entgiftende und reinigende Wirkung wird sich bei abnehmenden Mond eher einstellen, wenn der Körper ohnehin auf Loslassen eingestellt ist. Eine Ackerschachtelhalmkur sollte also immer nach dem Vollmond begonnen werden, weil die Entgiftung, die immer Vorrang hat, mit dem abnehmenden Mond leichter vonstatten geht und bei Neumond ihren Höhepunkt erreicht.

Danach sorgt dieselbe Kur mit dem zunehmenden Mond aufbauend und festigend für Harmonie und Gleichgewicht und wirkt auch auf das Nervensystem, was bei Nichtbeachtung des Mondstandes nicht möglich ist.

Ausgesprochen fasziniert haben mich die vielen Möglichkeiten, den Ackerschachtelhalm während einer einzigen Kur mit anderen Heilpflanzen und Gewürzen zu kombinieren, und das sogar abwechselnd im Rhythmus von einem oder zwei Tagen. Diese Heilpflanzen und Gewürze sollten genauestens ausgewählt werden, im Einklang mit der Jahreszeit und dem Stand des Mondes. Außerdem ist auf ihre korrekte Zubereitung zu achten. Sie können die gewünschte Wirkung des Ackerschachtelhalms wesentlich unterstützen, dürfen jedoch nicht dominieren.

Angesichts der zunehmenden Umweltbelastungen ist eine Kur mit unserer Heil-heilig-Pflanze und ihren abwechselnden Zusätzen zwei- bis dreimal im Jahr angebracht. Sie ist fähig, unsere Gesundheit vor vielen Gefahren zu schützen.

Das Grundrezept

Zutaten: 1 Liter Wasser
2 gehäufte Eßlöffel getrockneter, zerkleinerter Ackerschachtelhalm oder die drei- bis vierfache Menge des frischen Krautes
eventuell ein wenig Honig, kaltgeschleudert

Zubereitung

Das frische Kraut überbrüht man mit kochendem Wasser und läßt es 7 bis 10 Minuten ziehen, bevor man es abseiht. Es gibt seine wertvollen Inhaltsstoffe, vor allem die Kieselsäure, leicht an das Wasser ab. Ist die Pflanze getrocknet, muß sie mit kaltem Wasser angesetzt, langsam erwärmt und 10 Minuten leicht gekocht werden. Je älter das Kraut ist, desto länger sollte die Kochzeit sein: 20 bis 25 Minuten.

Es ist daher ratsam, getrockneten Ackerschachtelhalm nicht mit Kräutern zu mischen, die eine ganz andere Zubereitung erfordern. Man kann jedoch eine Kräutertee-Mischung, die Ackerschachtelhalm enthält, zunächst überbrühen, um sie nach 7 oder 10 Minuten abzuseihen und dann den Teesatz, mit frischem Wasser angesetzt, erneut 10 Minuten lang leicht kochen zu lassen. Beide Zubereitungen werden anschließend zusammengeschüttet.

Der Wirkungsbereich läßt sich jedoch leichter einschätzen, wenn man dem 10 Minuten gekochten Ackerschachtelhalm anschließend andere Kräuter zusetzt oder diese mit ihm überbrüht.

Bei dieser wertvollen Heilpflanze ist die Zubereitung besonders zu beachten!

Wirkungsbereich

Der Ackerschachtelhalm ist als Blutreinigungsmittel sehr geeignet. Er fördert die Heilung von Knochenbrüchen und versorgt und ernährt das Knochengewebe (besonders, wenn er mit Beinwell kombiniert wird). Auch kann er die Steinbildung in Nieren, Blase und Galle verhindern. Aufgrund seines hohen Gehalts an Kieselsäure stärkt und kräftigt er das Bindegewebe.

Sein Wirkungsbereich ist so umfangreich und vielfältig wie seine Kombinationsmöglichkeiten mit anderen Heilpflanzen und Gewürzen, auf die wir gleich noch eingehen werden.

Bei der Ackerschachtelhalmkur, welche die eingangs erwähnte junge Frau gemacht hatte, fehlte nicht nur die

Sympathie für diese Pflanze, auch die Zubereitung des Tees und die Anwendungsdauer der Kur stimmten nicht. Die falsche Zubereitung bewirkte, daß ihr Tee nur einen kleinen Teil der heilkräftigen Inhaltsstoffe enthielt. Die zu lange Anwendung kann zu erheblichen Nebenwirkungen führen, vor allen zu Verstopfung und zum Austrocknen der Haut. Die längste Anwendungsdauer einer Ackerschachtelhalmkur beträgt vier bis sechs Wochen. Je nachdem, was erreicht werden soll, kann eine Kur von drei bis vier Wochen völlig genügen. Nach einer Pause von etwa 14 Tagen, in der eventuell ein anderer Tee getrunken wird, kann die Kur wiederholt werden.

Kein Heilkräutertee wird seine optimale Wirkung entfalten, wenn er mit Widerwillen getrunken wird, nur weil man irgendwo gelesen oder gehört hat, wie gesund das Kraut sein soll. Die Ausstrahlung einer Pflanze muß bewußt wahrgenommen und geprüft werden. Die Sympathie trägt entscheidend zum Erfolg bei.

Die vielen Möglichkeiten, Ackerschachtelhalm mit anderen Heilpflanzen und mit Gewürzen zu kombinieren, sind beeindruckend. Einige davon möchte ich Ihnen nun gern vorstellen.

Ackerschachtelhalm mit Hagebutten und Gewürzen

Zutaten: 1 Liter Wasser
2 Eßlöffel getrockneter Ackerschachtelhalm
oder die drei- bis vierfache Menge
des frischen Krautes
2 Eßlöffel unzerkleinerte, frische oder
getrocknete Hagebutten
1 Stückchen zerkleinerte frische Ingwerwurzel

Zusätze: 1 bis 2 Äpfel, ungespritzt, zerkleinert,
mit Schale und Kerngehäuse
1 bis 2 kleine rote Früchte der Berberitze,
zerkleinert
Vanille
Schwarzer Pfeffer oder Cayennepfeffer

Zubereitung
Der getrocknete Ackerschachtelhalm wird zusammen mit
den Hagebutten mit kalten Wasser übergossen, langsam
erwärmt und 10 Minuten lang gekocht. Die Hagebutten
werden erst unmittelbar vor der Zubereitung zerkleinert,
weil sie sonst einen großen Teil ihrer wertvollen Inhaltsstoffe verlieren.

Alternativ kann man die Hagebutten auch zerkleinern
und mit kaltem Wasser mehrere Stunden lang (über Nacht)
ansetzen. Dann werden sie langsam erwärmt und einmal
aufgekocht. Erst dann wird der frische Ackerschachtelhalm hinzugefügt.

Am Ende des Kochprozesses werden die Berberitzen-
früchte, die Äpfel und die Ingwerwurzel hinzugefügt. Alles
zusammen läßt man noch einmal leicht aufwallen, nicht
mehr kochen, und seiht es ab, nachdem man es 10 bis 15
Minuten lang hat ziehen lassen. Die Vanille (pulverisiert) und
der Pfeffer werden dem fertigen Tee in der Tasse zugegeben.

Wirkungsbereich
Ackerschachtelhalm und Hagebutten sind eine wirkungsvolle Kombination, um das Immunsystem zu stärken. Die
Hagebutten vertragen sich nicht gut mit „grünen" Heilpflanzen und sollten daher nicht mit ihnen gemischt
werden. Der Ackerschachtelhalm bildet hier die einzige
Ausnahme. Er ergänzt sich auch in der Wirkung ausgezeichnet mit der Hagebutte. Die ausgewählten Gewürze

können eine stimulierende Wirkung haben und zusätzliche Impulse geben. Der Ingwer sorgt für eine gute Aufnahme und verstärkt die schleimlösende Wirkung des Ackerschachtelhalms.

Auch der Pfeffer erhöht diese Wirkung wesentlich, bei empfindlicher Veranlagung kann er aber auch reizend wirken. Er durchwärmt den Magen, regt die Verdauung und den Kreislauf an und kann auch desinfizierend gegen Darmparasiten wirken. Andererseits wirkt er reizend auf die Schleimhäute und muß daher auf jeden Fall individuell abgestimmt sein. Kurzfristige Reizungen können manchmal sehr von Nutzen sein. Der Schwarze Pfeffer hat eine stärkere Langzeitwirkung, während Cayennepfeffer eine stärkere Kurzzeitwirkung hat. Vanille sorgt für Wohlgeschmack und Harmonie.

Kinder trinken diesen Tee gern, wenn er mit Äpfeln, Vanille und Honig liebevoll zubereitet wird. Er hilft auch bei Erkältungen und stärkt ihre Abwehrkräfte. Dieser Tee hat einen wunderbaren Einfluß auf Nieren und Blase, wirkt der Steinbildung entgegen und stärkt und festigt das Gewebe. Eine vorbeugende Kur im Herbst und Winter beginnt man am besten nach dem Vollmond mit dem abnehmenden Mond, so daß nach Neumond eine wirkungsvolle stärkende Aufbauphase beginnen kann.

Ackerschachtelhalm mit Leinsamen, Hagebutten und Gewürzen

Zutaten: 1 Liter Wasser
2 Eßlöffel Ackerschachtelhalm, getrocknet, oder die drei- bis vierfache Menge des frischen Krautes
1 Eßlöffel Leinsamen, ungeschrotet

1 bis 2 Eßlöffel ganze Hagebutten, frisch oder getrocknet (ohne Schalen)
1 Stückchen zerkleinerte Ingwerwurzel

Zusätze: 1 bis 2 ungespritzte Äpfel, zerkleinert
Honig, kaltgeschleudert
Vanille
Schwarzer Pfeffer oder Cayennepfeffer

Zubereitung

Der getrocknete Ackerschachtelhalm, der Leinsamen und die kurz zuvor zerkleinerten Hagebutten werden in kaltem Wasser angesetzt, langsam erwärmt und 10 Minuten lang leicht gekocht. Wird frischer Ackerschachtelhalm verwendet, setzt man ihn nicht zusammen mit dem Leinsamen und den Hagebutten an, sondern gibt ihn am Ende der Kochzeit hinzu und läßt ihn nicht weiter kochen. Den Ingwer und die Äpfel fügt man dem fertig gekochten Tee bei und läßt alles noch einmal kurz aufwallen, aber nicht weiter kochen. Nach 15 Minuten seiht man ab. Die Vanille wird dem fertigen Tee zugefügt, der Honig ebenfalls, und zwar dann, wenn der Tee trinkwarm ist. Mit Pfeffer gewürzt trinkt man nur die erste und eventuell noch die zweite Tasse. Der Pfeffer wird dem fertigen Tee in der Tasse zugegeben.

Wirkungsbereich

Dieser ausgezeichnete Tee mit natürlichem Fruchtaroma ist sehr wohltuend und vermag unsere Abwehrkräfte zu stärken. Ganz besonders schützt und stärkt er die Schleimhäute in der kalten Jahreszeit. Er wirkt der Steinbildung in Nieren und Blase entgegen. Weiteres siehe unter *Ackerschachtelhalm mit Hagebutten und Gewürzen.* Die Saison für diesen Tee ist Herbst und Winter. In dieser Zeit ist er besonders zu empfehlen.

Ackerschachtelhalm mit Hagebutten, Kürbiskernen und Gewürzen

Zutaten: 1 Liter Wasser
2 Eßlöffel Ackerschachtelhalm, getrocknet, oder die drei- bis vierfache Menge des frischen Krautes
1 bis 2 Eßlöffel Hagebutten
2 bis 3 Eßlöffel frische Kürbiskerne
1 Stückchen zerkleinerte Ingwerwurzel

Zusätze: 1 bis 2 Äpfel, zerkleinert
Vanille
Zimt
Schwarzer Pfeffer oder Cayennepfeffer
Honig

Zubereitung
Wie bei *Ackerschachtelhalm mit Hagebutten und Gewürzen.* Die etwas zerkleinerten frischen Kürbiskerne werden am Ende der Kochzeit in den Tee gegeben. Dann läßt man die Mischung einmal kurz aufwallen und gibt (wenn erwünscht) die zerkleinerten Äpfel oder die zerkleinerte Ingwerwurzel oder die Zimtstange hinzu. Nicht weiterkochen lassen. Vanille, Pfeffer und Honig werden dem fertigen Tee zugefügt.

Wirkungsbereich
Ein fruchtiges, köstliches Getränk. Wirkungsbereich siehe *Ackerschachtelhalm mit Hagebutten und Gewürzen.*

Ackerschachtelhalm und Beinwell
mit Gewürzen

Zutaten: 1 Liter Wasser
2 Eßlöffel Ackerschachtelhalm, getrocknet,
oder die drei- bis vierfache Menge des
frischen Krautes
2 Eßlöffel getrocknete oder frische Beinwellwurzeln *oder*
1 Eßlöffel Beinwellwurzeln und 2 Eßlöffel Bein-
wellblätter, getrocknet
(wenn frische Blätter verwendet werden, nimmt
man die drei- bis vierfache Menge) *oder*
Ackerschachtelhalm, frisch oder getrocknet,
mit frischen Beinwellblättern und -blüten
frische Ingwerwurzel

Zusätze: Kurkuma
Anis
Wacholderbeeren
Koriander
Kreuzkümmel
Fenchel
Gewürznelken
Zimt
Schwarzkümmel
Muskat
Rosmarin
Vanille
Safran
Apfelessig
Zitronensaft
Honig

Zubereitung

Der Ackerschachtelhalm wird nach dem Grundrezept zubereitet, das heißt, das frische Kraut wird mit kochendem Wasser überbrüht, das getrocknete mit kaltem Wasser angesetzt.

Auch die zerkleinerten Beinwellwurzeln, die Blätter und die Blüten kann man mit einem Viertelliter kaltem Wasser über Nacht ansetzen. Am nächsten Morgen werden sie abgeseiht und gut ausgedrückt. Wenn nur der Beinwell kalt angesetzt wurde, brüht man den Satz zusammen mit dem gekochten Ackerschachtelhalm und den Gewürzen, von denen man höchstens drei auswählt, auf oder fügt hinzu.

Muskat, Vanille (pulverisiert), Safran, Apfelessig, Zitronensaft und Honig werden dem fertigen Tee in der Tasse zugefügt. Alle anderen Gewürze brüht man mit auf oder fügt sie dem heißen Tee kurz nach dem Aufbrühen bei.

Wirkungsbereich

Ackerschachtelhalm und Beinwell sind zwei uralte Heilpflanzen, die sich gegenseitig ergänzen und in ihren vielseitigen Wirkungen verstärken. Beide Pflanzen enthalten viel Kieselsäure und haben einen wunderbaren Einfluß auf das Bindegewebe und alle Schleimhäute. Beinwell enthält außerdem hochwertiges Eiweiß und gehört zu den wenigen Pflanzen, die Vitamin B 12 enthalten. Ackerschachtelhalm und Beinwell wirken sowohl entgiftend und blutreinigend als auch stärkend, nährend, aufbauend und festigend. Von unschätzbarem Wert sind sie für das Knochengewebe, bei Verstauchungen, Knochenbrüchen, Gelenkentzündungen, und damit nicht genug, bei Magen- und Darmstörungen, für die Lunge, zur Wundheilung und zur Gewebsneubildung. Diese vielseitigen Kräfte lassen sich auch äußerlich nutzen, beispielsweise in Umschlägen und Salben. Eine Beinwell-Ackerschachtelhalm-Creme regt die Zellteilung und die Neubildung von Zellen an und verjüngt die Haut (Schönheitspflege).

Genau wie der Ackerschachtelhalm ist der Beinwell eine Wunderpflanze, die auflösen und festigen kann, also gegenpolige Wirkungen hat. Beide Pflanzen sind mit der Kraft des Himmels und der Erde gleichermaßen verbunden. Daher ist auch bei einer Kur mit beiden Pflanzen gemeinsam der Stand des Mondes von großer Bedeutung. Die Kur, die etwa vier Wochen dauert, sollte immer mit dem abnehmenden Mond beginnen, denn das vorrangige Ziel besteht darin, den Körper von Giften und Ablagerungen zu befreien. Das steigert die erneute Aufnahmebereitschaft und damit die Aufbaufähigkeit des Körpers, was eine ganzheitliche Verjüngung mit sich bringen kann. Auch in unserer Kultur wußte man um die Bedeutung dieses Vorgangs. Sebastian Kneipp drückte es so aus: „Einen Kranken gesund zu machen heißt, alle Krankheitsstoffe in seinem Körper aufzulösen und auszuleiten und seine Natur von allen schädlichen und verderbenden Stoffen zu befreien."

Die sorgfältig ausgewählten Gewürze tragen wesentlich zum Erfolg der Kur bei. Sie können zur Entgiftung beitragen, indem sie Nieren, Darm und auch die Haut zu erhöhter Tätigkeit anregen. In der Aufbauphase wirken sie in erster Linie harmonisierend. Die Auswahl und Dosierung der Gewürze sollte dem individuellen Geschmack entsprechen und die eigene Konstitution berücksichtigen. Die Gewürze können täglich gewechselt werden, so daß einmal der Einfluß auf die Nieren überwiegt, beispielsweise durch Wacholderbeeren und Koriander oder Fenchel, Kreuzkümmel und Koriander, ein anderes Mal der verdauungsfördernde Effekt durch Fenchel und Kardamom oder Kardamom und Zimt. Pfeffer und Honig wirken

Beinwell (Symphytum officinale)

entschleimend, anregend und erwärmend. Muskatnuß und Gewürznelken verbessern die Absorption und wirken anregend bei zu niedrigem Blutdruck. Ingwer und Kurkuma wirken auf alle Gewebselemente. Safran wirkt bei zunehmendem Mond gewebsaufbauend.

Um noch etwas anschaulicher berichten zu können, wie ich das erste Mal auf Beinwell aufmerksam gemacht wurde, schweifen meine Gedanken in die Ferne und in die Vergangenheit. Vor über dreißig Jahren arbeitete ich als Kosmetikerin im House of Beauty (Haus der Schönheit) in Atlanta, Georgia (USA). Dort begegnete ich meiner späteren Freundin Neva. Sie war Kanadierin und hatte, was damals noch zu den Ausnahmen gehörte, Medizin studiert und als Ärztin praktiziert. Als ich sie kennenlernte, war sie eine jugendlich aussehende ältere Dame, die ein hohes Ansehen genoß. Dennoch wurde sie oft heimlich belächelt, weil sie so viele Indianergeschichten erzählte und sich selbst als „Medizinfrau" bezeichnete. Drei Jahre lang hatte sie als einzige weiße Frau in einer Indianerreservation gelebt. Ihre Berichte vom „Chief Ueie" des Ute-Stammes, der ein ausgezeichneter „Indian Herbalist" gewesen war, und von Dr. Sundance, halb Indianer, halb irischer Abstammung, waren so interessant, daß ich immer etwas mehr Zeit reservierte, wenn sie zur Behandlung kam. Neva war es, die mir erzählte, daß die Indianer Fliegenmaden, von denen sie immer welche vorrätig hatten, auf schlimme Wunden und Vereiterungen legten, was ganz schrecklich aussah. Eine ekelerregende Behandlung, aber sehr erfolgreich! In ihrer Heimat hätten die Indianer für solche Behandlungen Blätter und Wurzeln einer bestimmten Pflanze (Comfry) verwendet und damit ganz ähnlich Erfolge erzielt. In Utah war diese Pflanze jedoch nicht zu finden.

Wissenschaftliche Untersuchungen haben ergeben, daß Comfry (Beinwell) Allantoin enthält, einen Stoff, der auch in den Fliegenmaden enthalten ist und diese so wirksam macht. Später fand man Allantoin auch in Weizenkeimen, Sanikel und in der Rinde der Roßkastanie. Der höchste Anteil an Allantoin jedoch ist nach wie vor in Beinwell und Fliegenmaden enthalten. Deren Wirkung basiert jedoch nicht nur auf dem einen isolierten Inhaltsstoff, sondern auf der Gesamtheit verschiedener, zum Teil noch unbekannter Substanzen.

Meine Freundin Neva wußte auch von einer sehr erfolgreichen Medizinfrau zu berichten, die man zu einem Besuch in die pathologische Abteilung eines medizinischen Instituts eingeladen hatte. Man wollte ihr die Lebendigkeit der verschiedenen Krankheitserreger bildlich vorführen und versprach sich davon etwas mehr Respekt vor den Heilmethoden des weißen Mannes. Offenbar verfehlten die Bilder unter dem Mikroskop ihre Wirkung nicht. Voll Bewunderung soll die Medizinfrau schließlich gesagt haben, es sei ein großer Verdienst des weißen Mannes, die Geister und Dämonen sichtbar gemacht zu haben. Ihre Ahnen hätten diese Dämonen zwar gekannt, sie aber niemals zu Gesicht bekommen. Wenn es jedoch darum ginge, sich von ihnen zu befreien, brauche man sehr unterschiedliche Methoden und Fähigkeiten, und vor allem sei es ohne die heilenden Kräfte von Mutter Erde nicht zu schaffen. Als man ihr noch mehr zeigen wollte, wehrte sie ab. Sie wollte keine weiteren Geister und Dämonen sichtbar gemacht haben, ganz gleich, wie diese aussehen und sich gebärden würden. Als die Medizinfrau fragte, ob es nicht sinnvoller wäre, mehr darüber herauszufinden, wie man diesen unheilvollen Mächten widerstehen und sich von ihnen befreien könne, als sich so intensiv mit ihrem Aussehen zu befassen, versuchte man ihr nicht sehr erfolgreich klar zu machen, daß sich das eine doch mit dem anderen vereinen ließe. Als sich die Mediziner schließlich bei der selbstbewußten Frau für ihren Besuch bedankten, soll sie bemerkt haben, sie frage sich manchmal, wer eigentlich bei wem zu Besuch ist.

Als ich viele Jahre später in Indien auf der Suche nach „Verjüngungspflanzen" war, fand ich zu meinem großen Estaunen den Beinwell auch hier. Auf meine Fliegenmaden-Geschichte antwortete man mir, daß auch der Harn von Hunden Allantoin enthält. Seine Heilkräfte waren schon von den Ärzten des alten Ägypten aufgezeichnet worden, die eine ausgesprochene Drecksapotheke gehabt haben sollen.

Doch genug der Unappetitlichkeiten! Der Beinwell mit seinen großen, hell- bis dunkelgrünen Blättern und seinen rosa bis blauen Glockenblüten ist sauber, angenehm im Geschmack und leicht anzuwenden.

Anmerkung

Vom Beinwell oder Comfry (botanisch: Symphytum) sind etwa zwanzig verschiedene Arten bekannt. Vor etwa 18 Jahren wurde bis auf weiteres vor der innerlichen Anwendung der Pflanze gewarnt. Man hatte Alkaloide von unterschiedlicher Giftigkeit in der Wurzel des Beinwells, wie in manchen anderen Pflanzen auch, entdeckt. Zwar soll der Anteil an solchen Stoffen bei den verschiedenen Symphytum-Arten unterschiedlich hoch sein, aber es handelt sich durchweg um winzige Quantitäten. Die Warnung kam aus Australien und wurde nach jahrelangen eingehenden Prüfungen in England und Deutschland nicht aufrechterhalten. Die oberirdischen Teile der Pflanze wurden völlig freigesprochen, ein Langzeitgebrauch von Beinwellwurzeln ist hingegen nicht empfehlenswert. Schädigungen durch Beinwellwurzeltee sind jedoch erst nach etwa 1000 Tassen möglich.

Grundsätzlich gilt für die Anwendung aller Heilpflanzen, und für einige ganz besonders, daß die Dosierung und die Anwendungsdauer sowie die Zubereitung sorgfältig zu beachten ist. Außerdem spielt auch die Konstitution, das Temperament und die individuelle Veranlagung der jeweiligen Person eine Rolle.

Ackerschachtelhalm, Beinwell und Leinsamen mit Gewürzen

Zutaten
Abgesehen von 1 bis 2 Eßlöffel Leinsamen, ungeschrotet, werden hier dieselben Zutaten verwendet wie beim Rezept *Ackerschachtelhalm und Beinwell mit Gewürzen* (S. 119).

Zubereitung
Der Ackerschachtelhalm wird mit dem Leinsamen zusammen zubereitet (siehe Seite 119), die weitere Zubereitung wie bei *Ackerschachtelhalm und Beinwell mit Gewürzen*.

Wirkungsbereich
Die Wirkung ist wie die von *Ackerschachtelhalm und Beinwell mit Gewürzen* mit verstärkt schützendem Einfluß auf die Schleimhäute.

Vorschläge für die Kombination von Ackerschachtelhalm, Heilpflanzen und Gewürzen

Ein Liter Ackerschachtelhalmtee, nach dem Grundrezept (wenn erwünscht mit Leinsamen) hergestellt, kann ergänzt werden mit:

2 Eßlöffel Echte Waldgoldrute, 1 Eßlöffel Bärentraubenblätter, 2 bis 3 Nelken und Wacholderbeeren (nicht bei akuten Entzündungen). Man läßt diese Zutaten noch einmal mit dem Tee aufwallen. Nicht weiter kochen!

mit:

2 Eßlöffel Mädesüß, 1 Eßlöffel Echte Waldgoldrute und Wacholderbeeren und/oder Koriander oder mit Vanille. Man läßt diese Zutaten noch einmal mit dem Tee aufwallen, aber nicht weiter kochen. Pulverisierte Vanille wird dem Tee erst in der Tasse zugefügt. Dieser Tee sollte kurmäßig nicht länger als 12 Tage getrunken werden.

mit:

2 Eßlöffel Gänsefingerkraut, 2 Eßlöffel rote Kleeblüten und Safran, Fenchel oder Vanille. Diese Zutaten werden mit dem Tee aufgebrüht oder nach dem Kochen zugefügt.

mit:

3 Eßlöffel Ringelblumen und Fenchel, Koriander und Kreuzkümmel. Diese Zutaten werden mit dem Tee aufgebrüht oder nach dem Kochen beigegeben.

mit:

2 Eßlöffel Schafgarbe, 1 Eßlöffel Johanniskraut und Zimt, Kurkuma oder Safran. Diese Zutaten werden mit dem Tee aufgebrüht oder nach dem Kochen beigefügt. Kurkuma oder Safran wird dem Tee in der Tasse zugegeben.

mit:

2 Eßlöffel Hirtentäschel und Fenchel und/oder Anis. Diese Zutaten werden mit dem Tee aufgebrüht oder nach dem Kochen beigegeben.

mit:

3 Eßlöffel Echte Waldgoldrute und Wacholderbeeren und/oder Koriander. Diese läßt man mit dem Tee einmal aufwallen oder brüht sie mit auf.

mit:

4 bis 5 Eßlöffel frische, zarte Birkenblätter und Birkenkätzchen und etwas Ingwerwurzel. Diese läßt man mit dem Tee einmal aufwallen oder brüht sie mit auf.

mit:

3 Eßlöffel Wiesenlabkraut, nicht überbrühen, sondern dem etwas abgekühlten Tee zufügen.

mit:

2 Eßlöffel Odermennig, 1 Eßlöffel Hauhechel, 1 Eßlöffel Jasminblüten. Diese Zutaten werden dem Tee nach dem Kochen zugefügt.

mit:

2 Eßlöffel Kleinblütiges Weidenröschen und 1 Teelöffel Thymian oder ein Stück zerkleinerte frische Ingwerwurzel oder Wacholderbeeren und Koriander (zerstoßen).

mit:

3 Eßlöffel Brennesseln, 1 Zwiebel mit Schale (zerkleinert), 1 bis 2 Lorbeerblätter. Die Zwiebel und die Lorbeerblätter werden mit dem Tee aufgekocht, man läßt sie aber nicht weiter kochen. Die Brennesseln werden nur überbrüht.

Der Ackerschachtelhalmtee kann auch nur mit Gewürzen zubereitet werden, und zwar mit Kardamom, Zimt und Lorbeerblättern

oder mit Fenchel, Kreuzkümmel und Koriander
oder mit Kardamom und Fenchel
oder mit Zimt, Nelken und Ingwer
oder nur mit frischer Ingwerwurzel
oder mit Wacholderbeeren und/oder Koriander.

Wirkungsbereich
Ackerschachtelhalmtee, der abwechselnd mit verschiedenen Heilpflanzen und Gewürzen zubereitet wird, soll unter anderem einem Gewöhnungseffekt entgegenwirken, der bei einer kurmäßigen Anwendung oft schon nach zwei bis drei Wochen einsetzen kann. Fast jede Teemischung, nicht nur diese, entfaltet ihre Hauptwirkung in den ersten zwei Wochen ihrer Anwendung, eventuell noch in der dritten. Dieser begrenzte Wirkungsbereich erhält durch den Zusatz einer anderen Heilpflanze, die etwa den gleichen Wirkungsbereich haben sollte, neue Impulse. Ganz ähnlich verhält es sich auch mit Gewürzen. Auch sie können eine Gewöhnung verhindern.

Je weniger Pflanzen und Gewürze gemischt werden, desto genauer läßt sich der Wirkungsbereich einschätzen und auch verändern. Die Indianer sollen den Pflanzenmischungen eine sehr große Bedeutung beigemessen haben. Es wurden in der Regel nicht mehr als drei Pflanzen gemischt. Auch in Indien wurde ich mehrmals eindringlich darauf hingewiesen, daß nicht mehr als vier Pflanzen gemischt werden sollten, sehr oft auch nur eine Pflanze und ein Gewürz.

Die drei Pflanzen der Indianer oder die vier der Inder bilden den Hauptanteil und dominieren in einem Tee. Da die Hauptwirkung des Tees von ihnen erwartet wird, bezeichnet man sie als die „aktiven Agenten". Die Pflanzen und Gewürze, die man sonst noch zusetzt, sollen das ganze abrunden und eventuell Geschmack und Farbe beeinflussen.

Wir Europäer sind da eher großzügig. Ein Herr, der an einer meiner Kräuterwanderungen teilnahm, meinte: „Ich trinke einen 25-Kräutertee, da wird ja wohl irgendein Kraut dabei sein, das ich brauche." Das ist eine Einstellung, die man häufig antrifft. Genaue Regeln für den Umgang mit Kräutermischungen lassen sich nicht aufstellen. Wir alle reagieren individuell unterschiedlich, und das ist sicherlich auch gut so. Einseitigkeit und Fanatismus können die Freude an diesem Spiel zum Wohle unserer Gesundheit verderben. Spaß und Freude aber sind die Wege zum Erfolg.

Es gibt noch viel mehr Möglichkeiten, Ackerschachtelhalm mit anderen Heilpflanzen und Gewürzen zu kombinieren. Die zuvor aufgeführten haben einen sehr guten Einfluß auf die Nieren und können ihrer Gesunderhaltung in besonderem Maße dienlich sein.

In Asien schätzt man die Nieren als Hüter der Gesundheit. Diese Aufgabe können sie allerdings nur erfüllen, wenn sie selbst gesund und leistungsfähig sind. Von ihrer Kraft und Energie hängt unsere Jugendlichkeit weitgehend ab. Sie sind für den Säure-Basenhaushalt mitverantwortlich, und ein Fünftel unseres Blutes muß ständig von ihnen gereinigt werden. Eine zu eiweißreiche Ernährung stellt eine große Belastung für die Nieren dar, denn das überschüssige Eiweiß muß ebenfalls von ihnen bewältigt werden. Angesichts all dessen kann man sich gut vorstellen, daß unser allgemeines Wohlbefinden wesentlich vom Zustand unserer Nieren abhängig ist. Eine Kur mit unserer Heil-heilig-Pflanze in Kombination mit anderen Heilpflanzen und einem Spiel von Gewürzen, die etwa den gleichen Wirkungsbereich haben, kann helfen, Gefahren zu vermeiden, bevor sie gekommen sind.

Die Nieren sind natürlich nicht die einzigen Hüter unserer Gesundheit, auch die Lungen zählen dazu. Atem ist Leben, doch um die Macht des Atems wirklich erfahren zu können, brauchen wir ein gesundes Atemorgan. Kombinieren wir unsere Heil-heilig-Pflanze also nun mit Heilpflanzen, die mit ihrer Wirkung dazu beitragen, unsere Atemweg und Lungen gesund zu erhalten.

Eine entsprechende Kur ist am wirkungsvollsten, wenn sie mit dem abnehmenden Mond begonnen (entgiftend und entschleimend) und über den Neumond hinaus mit dem zunehmenden Mond bis zum Vollmond durchgeführt wird. Die günstigsten Jahreszeiten sind Frühling und Herbst.

Ein Ackerschachtelhalmtee mit besonders günstiger Wirkung auf die Lungen wird nach dem Grundrezept hergestellt. Zeitweilig kann ein Zusatz von Leinsamen sehr von Vorteil sein. Von den folgenden Heilpflanzen, die dem Tee zugefügt werden können (überbrühen, nicht kochen lassen), wählt man höchstens drei aus. Auch bei den Gewürzen ist weniger mehr.

Heilkräuter
Huflattich, Lungenkraut, Spitzwegerich, Königskerze, Bibernelle, Alant, Holunderblüten, Schlüsselblume, Seifenkraut, Gänseblümchen, Gundelrebe, Gänsefingerkraut, Minze, Quendel, Thymian und Majoran.

Gewürze
Fenchel, Anis, Ingwer, Nelken, Piment, Kurkuma, Kardamom, Safran und Zimt.

Zur Erhaltung der Lungenelastizität und vorbeugend gegen Lungenemphysem, aber auch um das Fortschreiten der Krankheit aufzuhalten oder die Symptome zu lindern, wurde mir eine vierwöchige Kur mit Ackerschachtelhalm und Brennesseln ganz besonders empfohlen. Beides sind

Kieselsäurepflanzen. Auch diese Kur beginnt man möglichst mit dem abnehmenden Mond, wobei man Gewürze einsetzen kann, um einem Gewöhnungseffekt entgegenzuwirken. Die Gewürze werden je nach ihrer Wirkung passend zum gewünschten Effekt der Kur ausgesucht. Bei zunehmendem Mond bevorzugt man gewebsaufbauende Gewürze wie Safran und Kurkuma.

HOLUNDER – ein lieber Freund aus alten Zeiten

Den Holunderstrauch habe ich ganz besonders in mein Herz geschlossen, und das schon seit meiner Kindheit. Er wuchs in unserem Garten in Berlin, und wir sind mit ihm zusammen aufgewachsen. Jeden Sommer haben wir seine Blüten, mit Pfannkuchenteig umhüllt und ausgebacken, verspeist. Sie schmeckten köstlich.

Damals wußten wir noch nicht, daß alle Teile dieses Strauches heilkräftig sind: Wurzeln, Rinde, Blätter, Blüten und Früchte. Kein Wunder, daß man sich in früheren Zeiten in Ehrerbietung vor ihm neigte und den Hut zog, wenn man an ihm vorbeiging. Den Germanen war der Holunder heilig. Er galt als Wohnsitz der Liebesgöttin Freya. In vielen Märchen und Sagen ist von seinem Zauber und von der Schönheit seiner Ausstrahlung die Rede.

Noch heute erfreut jeder Holunderstrauch, den ich im Wald oder auf der Wiese sehe, mein Herz, und ich hoffe, daß er uns erhalten bleibt und den zunehmenden Umweltbelastungen gewachsen sein möge. Wie oft habe ich meinen lieben Freund schon verlaust gesehen, mit gekräuseltem, krankem Laub oder mit zum Teil abgestorbenen, kahlen Ästen, die er anklagend gen Himmel streckte. Oft wird gesagt: „Ach, dieses Unkraut vergeht doch nicht; der kommt immer wieder!"

Aber so selbstverständlich ist das keineswegs. Nicht nur aus den Regenwäldern verschwinden Heilpflanzen von unschätzbarem Wert. Wie arm wären wir, wenn der Holunder uns verlassen würde und seinen Zauber, seine Schönheit und seine unschätzbaren Heilkräfte mitnähme.

Holunder (Sambuccus nigra)

Holunderblütentee

Zutaten

Genaue Mengenangaben werden nicht gemacht, denn mit
den Blüten und Blättern darf man etwas großzügiger sein
als mit anderen Teilen des Holunderstrauches, besonders
wenn sie frisch verwendet werden. In der Regel nimmt
man auf ¼ Liter Wasser etwa 2 Teelöffel getrocknete Blüten; von den frischen Blüten darf es die doppelte bis dreifache Menge sein. Honig paßt sehr gut in einen Holun-
derblütentee.

Zubereitung

Die frischen oder getrockneten Blüten werden aufgebrüht,
und man läßt etwa zehn Minuten ziehen.

Wirkungsbereich

Dieses vitaminreiche Getränk hilft bei Erkältungen, Grippe und allgemeinem Unwohlsein, indem es die Abwehrkräfte stärkt.

Als ich den Holunderstrauch bei einer Heilpflanzenwanderung vorstellte, fragte eine Teilnehmerin, ob Holun-
derblütentee nicht nur ein Schwitztee sei. „Wenn Sie sich
ins Bett legen", sagte ich, „und den Tee trinken, ist das
richtig. Er fördert das Schwitzen. Zu gleichen Teilen mit
Lindenblüten gemischt, tut er das besonders gut!"

Ganz allgemein stärkt dieser Tee die Abwehrkräfte.
Aufgrund seiner wertvollen Inhaltsstoffe (Vitamine,
Rutin, Cholin, Harz, Gerbstoffe) kann er auch einen gün-
stigen Einfluß bei Rheuma, Gicht, Arterienverkalkung,
Atembeschwerden und Harnwegsproblemen haben. Er
wirkt wunderbar auf unsere gesamte Gesundheit.

Mit Gewürzen in diesem Tee muß man vorsichtig sein.
Die Blüten haben ein eigenwilliges Aroma und wollen

nicht dominiert werden. Sie mischen und ergänzen sich gut mit Pflanzen, die sich ihrem Aroma anpassen, zum Beispiel weiße und rote Kleeblüten, Gänseblümchen, Rosenblütenblätter, Frauenmantel, Brennessel, Spitzwegerich. Ich trinke diesen Tee ohne Zusätze, nur mit Honig gesüßt.

Hollersekt

Zutaten: 3 ½ Liter Wasser
150 Gramm Honig
7 Eßlöffel Apfelessig
2 Zitronen
10 bis 12 Holunderblütendolden

Zubereitung
Alle Zutaten werden in einen Steintopf oder ein großes Glas gefüllt und mit Wasser übergossen. Dann läßt man sie warm und zugedeckt 24 Stunden lang stehen. Danach wird die Mischung abgeschmeckt und nochmals zwei bis drei Tage lang stehengelassen. Schließlich gießt man sie durch einen Kaffeefilter und füllt sie in Flaschen ab, wobei darauf zu achten ist, daß die Flaschen nicht bis zum Rand gefüllt werden.

Dann kann man den Hollersekt entweder gleich trinken oder aufbewahren. Er soll jahrelang haltbar sein.

Wirkungsbereich
Hollersekt ist eine gesundheitsfördernde Köstlichkeit, die Kindern und Erwachsenen gleichermaßen gut schmeckt, und das zu jeder Jahreszeit.

Holunderblättertee mit Gewürzen

Zutaten: ³/₄ Liter Wasser
2 Eßlöffel getrocknete Holunderblätter
oder die doppelte bis dreifache Menge
frischer Blätter (zerkleinert)

Als Zusätze eignen sich:
1 bis 2 Eßlöffel Leinsamen (ungeschrotet)
Holunderblüten
frische, zerkleinerte Ingwerwurzel
Zimtstange
Nelken
Muskatnuß
alle Pfeffersorten

Zubereitung
Holunderblätter – ob getrocknet oder frisch – werden immer mit kaltem Wasser angesetzt, einmal aufgekocht und nach fünf bis sieben Minuten abgeseiht. Wenn der Holunderblättertee mit Ingwer, Zimstange oder Nelken zubereitet werden soll, setzt man diese Gewürze im kalten Wasser mit an und läßt einmal aufkochen.

Muskat oder Pfeffer wird dem Tee in der Tasse zugefügt.

Wenn man Holunderblättertee mit Leinsamen zubereiten will, setzt man den Leinsamen in kaltem Wasser an, bringt ihn zum Kochen und kocht zehn Minuten lang. Die Holunderblätter werden am Ende der Kochzeit zugegeben, ebenso wie Ingwer, Zimtstange und Nelken, wenn gewünscht. Ich bevorzuge Ingwer als Gewürz in diesem Tee. Dann läßt man noch einmal alles kurz aufwallen, kocht aber nicht weiter, sondern läßt nur noch sieben bis zehn Minuten ziehen und seiht dann ab.

Diesen Tee kann man auch mit Holunderblättern und Holunderblüten zubereiten. Dann werden die Blüten allerdings nicht mitgekocht, sondern nach dem Kochen zugefügt. Blätter und Blüten dürfen also nicht schon vor der Zubereitung gemischt werden. Auch sollte man in diesem Tee mit Gewürzen vorsichtig sein. Sie können das wundervolle Aroma der Blüten beeinträchtigen.

Wirkungsbereich
Die Blätter des Hollerbuschs haben einen Wirkungsbereich wie kaum eine andere Pflanze. Ihr Einfluß auf die Bauchspeicheldrüse ist bedeutend zur Regulierung des Zuckerhaushaltes, ganz besonders bei Altersblutzuckerproblemen. Es sollte jedoch selbstverständlich sein, daß eine so schwere Stoffwechselstörung wie die Zuckerkrankheit, nicht nur mit Holunderblättern oder anderen Pflanzen behandelt werden kann.

Ihr Einfluß ist aber sehr günstig, und eine Therapie läßt sich dadurch wirkungsvoll unterstützen. Kein anderes Mittel kann so wirkungsvoll prophylaktisch eingesetzt werden, auch um Krankheitsvorstufen, und das ist wesentlich, abzubauen.

Eine Kur mit Holunderblättern ist auch blutreinigend und am wirkungsvollsten, wenn sie mit dem abnehmenden Mond beginnt. Sie sollte nicht länger als drei bis vier Wochen dauern, kann aber nach einer Pause wiederholt werden.

Die ausgewählten Zusätze, durch die der Tee während der Kur jeden Tag spielerisch verändert werden kann, können den Wirkungsbereich und Geschmack dieses heilkräftigen Getränks wesentlich mit beeinflussen. Die Holunderblätter sollten den Tee aber immer dominieren, und nicht die Zusätze. Die Gewürzzusätze wirken einem Gewöhnungseffekt entgegen und erhöhen unter anderem die

Aufnahmebereitschaft des Körpers, Leinsamen schützt und stärkt die Schleimhäute.

Holunderblätter sind bis in den Herbst hinein frisch zu bekommen. Wenn der Strauch Knospen ansetzt, geht seine Kraft in die Blüten und später in die Früchte. Daher sollte man von Zweigen mit Blüten oder gar Früchten keine Blätter mehr nehmen. Der Holunder sprießt aber sogar noch im Herbst, und von den neuen Trieben sind die Blätter heilkräftig, solange sie frisch, gesund und grün aussehen. Wenn Sie keine Gelegenheit haben, frische Blätter zu bekommen, dann nehmen Sie einfach getrocknete. Tun Sie immer das, was Ihnen möglich ist, ohne daß Streß entsteht.

Holunderrindentee

Zutaten: $1/4$ Liter Wasser
$1/2$ Teelöffel zerkleinerte grüne Holunderrinde

Als Zusätze eignen sich:
Koriander
Wacholderbeeren (nicht bei
einer akuten Infektion)
Nelken
Ingwer

Zubereitung
Die zerkleinerte Rinde kurz aufkochen, aber sofort abseihen, nicht länger ziehen lassen. Die ausgewählten Gewürze werden mitaufgekocht.

Nicht mehr als eine Tasse schluckweise über den Tag verteilt trinken!

Wirkungsbereich
Dieser heilkräftige Tee muß sehr genau dosiert werden. Man bleibt zu Anfang lieber unter der angegebenen Menge, um zu beobachten, wie der Körper individuell reagiert. Er ist ein ausgezeichnetes Mittel gegen Nieren- und Blasenbeschwerden mit einem guten Einfluß auf den Darm. Wenn die Darmflora gestört ist, können Nieren und Blase in Mitleidenschaft gezogen werden. Hier wirkt sich der Holunderrindentee sehr günstig aus. Eine Kur mit diesem Tee sollte nicht länger als acht bis zehn Tage dauern, kann aber wiederholt werden.

Holunderrinde kann man in der Apotheke kaufen. Wer sie sich selbst besorgen will, sollte sie von Ästen nehmen, die mindestens zwei Jahre alt sind. Die äußere graue Rinde wird abgenommen, und man verwendet die grüne Rinde, die direkt über dem Holz liegt.

Holunderwurzeltee mit Leinsamen

Zutaten: ¹/₂ Liter Wasser
1 Eßlöffel ungeschroteter Leinsamen
1 Teelöffel zerkleinerte Holunderwurzeln

Zubereitung
Den Leinsamen setzt man kaltem Wasser an und läßt ihn zehn Minuten lang kochen. Dann fügt man die Holunderwurzeln hinzu, läßt kurz aufwallen und seiht ab. Es bleibt etwa eine Tasse Tee übrig, die man in kleinen Schlucken über den Tag verteilt trinkt, möglichst nicht zu den Mahlzeiten.

Wirkungsbereich
Seit uralten Zeiten ist Holunderwurzeltee mit Leinsamen ein wirksames Mittel bei Wassersucht, Nieren- und

Blasenbeschwerden, Harnverhalten und Darmproblemen.

Holunderwurzel mit Apfelwein

1 Teelöffel zerkleinerte Holunderwurzeln werden in $^1/_2$ Liter Apfelwein einmal aufgekocht und nach zehn Sekunden abgeseiht. Davon trinkt man nicht mehr als dreimal täglich einen kleinen Schluck. Die Wirkung ist ähnlich wie die von Holunderwurzeltee mit Leinsamen.

Die Rinde und die Wurzel des Holunder müssen genauestens dosiert werden, denn ihre Wirkung ist sehr stark und kann individuell unterschiedlich sein.

Wenn Sie das nächste Mal an einem Holunderbusch vorübergehen, nehmen Sie ihn als ein Geschenk Gottes wahr und grüßen Sie ihn liebevoll. Seine Ausstrahlung wird Sie auf wunderbare Weise begleiten – in welcher Jahreszeit Sie sich auch befinden.

Die ganze Natur ist eine Melodie,
in der eine tiefe Harmonie verborgen ist.

Johann Wolfgang von Goethe

LEINSAMEN – ein vergessenes Hausmittel

Lein (Flachs) ist eine alte Kulturpflanze, die vielseitige Verwendung gefunden hat. Die Fasern wurden zu Leinen verarbeitet, das Öl und die Samen spielten eine wichtige Rolle in der Ernährung und in der Heilkunde. Heute kennen wir Leinsamen im Müsli oder im Brot, während der Leinsamentee sehr zu Unrecht fast in Vergessenheit geraten ist. Dieses wertvolle Gesundheitsgetränk unserer Vorfahren kann vor vielerei Beschwerden bewahren und läßt sich überraschend vielseitig zubereiten.

Leinsamentee – Grundrezept

Zutaten: 1 Liter Wasser und 4 gestrichene Eßlöffel ungeschrotener Leinsamen
oder 1 Liter Wasser und 2 Eßlöffel Leinsamen
oder 1 Liter Wasser und 1 Eßlöffel Leinsamen

Zubereitung
Der ungeschrotete Leinsamen wird mit kaltem Wasser angesetzt, langsam erhitzt und 10 bis 15 Minuten lang gekocht. Nachdem man ihn durchgesiebt hat, kann dieser heilkräftige Tee, so wie er ist, getrunken werden. Sein Wirkungsbereich kann jedoch durch die Zubereitung mit ausgewählten Zusätzen verstärkt und erweitert werden. Dabei sind grundsätzlich die Spielregeln der Zubereitung, Dosierung und Anwendungsdauer zu beachten, wie bei anderen Teemischungen auch. Wenn man den Tee mit Gewürzen

Lein (Linum usitatissimum)

zubereitet, sollte man nie mehr als drei auswählen, weil der Wirkungsbereich dann leichter einzuschätzen ist. Wenn ich einen Leinsamentee mit Heilkräutern zubereite, wähle ich meistens auch nur eine oder zwei Heilpflanzen aus und eventuell noch ein Gewürz. Wird zu vieles gemischt, was vielleicht gar nicht miteinander harmoniert, ist die Wirkung sehr in Frage gestellt. Es ist in jedem Fall ratsam, nach ganz einfachen, klaren Richtlinien zu verfahren. Was soll erreicht werden? Wofür oder wogegen? Entspricht das, was gemischt werden soll, meinem Temperament? Meinen individuellen Bedürfnissen? Meinem Geschmacks- und Geruchssinn? Wenn man etwas ausprobieren möchte, kann man durch kleine Veränderungen in der Zusammenstellung wertvolle Erfahrungen machen. Zum Beispiel: Ein Leinsamentee mit Ingwer wird eine andere Wirkung zeigen als ein Leinsamentee mit Wacholderbeeren oder ein Leinsamentee mit Apfelessig oder Apfelwein.

Einige Kombinationen, ihre Zubereitungen und ihr Wirkungsbereich sind anschließend aufgeführt. Die Kompositionsmöglichkeiten von Leinsamen mit Zusätzen sind damit auf keinen Fall erschöpft. Diese Beispiele sind lediglich als Anregung gedacht.

Wirkungsbereich

Von Zeit zu Zeit ist es ratsam, Leinsamentee zu trinken, besonders im Frühling und im Herbst. Er hat einen schützenden Einfluß auf alle Schleimhäute und trägt zur Stärkung des Gewebes bei. Vorbeugend angewendet, kann dieses heilkräftige Getränk vielerlei Beschwerden vermeiden und lindern helfen. Sein Einfluß bei Erkältungen ist ausgesprochen wohltuend.

Frauen ist dieser Tee während der Menstruation und auch bei Wechseljahresbeschwerden besonders zu empfehlen. Sehr wirkungsvoll kann er dann in Verbindung

mit Frauenmantel, Salbei-Apfelwein oder Knoblauch-
wein sein.

Es gibt unendlich viele Möglichkeiten, aus dem Grundrezept ein ganz auf die eigenen Bedürfnisse abgestimmtes,
heilkräftiges und geschmackvolles Getränk zu zaubern.
Wichtig ist die Dosierung der einzelnen Zusätze. Ein ganz
präzises Maß kann nicht immer angegeben werden. Im
Umgang mit Gewürzen ist Fingerspitzengefühl notwendig. Wenig ist immer mehr. Sie sollen meistens nur stimu-
lieren und nicht reizen, aber viel hilft auch nicht viel,
wenn es um die Dosierung von Heilkräutern geht. Die
Wirkung wird im allgemeinen nicht dadurch erhöht, daß
man den Tee sehr stark zubereitet. Leinsamentee wirkt
nicht abführend und auch nicht stopfend.

Leinsamentee mit Ingwer

Zutaten: 1 Liter Wasser
2 Eßlöffel Leinsamen
1 Stück frische Ingwerwurzel
eventuell ein Stück Vanilleschote
oder Vanillepulver

Zubereitung
Der Leinsamentee wird nach dem Grundrezept hergestellt. Den Ingwer gibt man fein gewürfelt, gerieben oder
in einem Mixer zerkleinert am Ende der Kochzeit in den
Tee, eventuell mit einem Stück Vanilleschote, läßt noch
einmal leicht aufwallen und nimmt den Tee von der Kochstelle; nicht weiter kochen lassen. Nach etwa sieben
Minuten wird der Tee abgeseiht und eventuell mit Honig
gesüßt. Alternativ kann man eine Prise Salz zufügen. Pulverisierte Vanille fügt man dem Tee in der Tasse zu.

Wirkungsbereich

Leinsamentee mit Ingwer löst Verschleimungen und stärkt und schützt alle Schleimhäute im Körper. Der Zusatz von Vanille ist besonders für Kinder geeignet; Vanille stimmt den Ingwer mild und tut einer unruhigen Seele gut. Wenn dieser heilkräftige Tee vorbeugend getrunken wird, kann er vielerlei Beschwerden vermeiden und lindern helfen. Bei Erkältung, Grippe, Husten und Heiserkeit hat er eine entzündungshemmende und schleimlösende Wirkung, die durch Zusetzen eines nicht wärmegeschädigten Honigs noch verstärkt werden kann. Die verdauungsregulierende und herzstärkende Wirkung des Ingwer in Verbindung mit Leinsamen ist bemerkenswert. Auch die Atemwege werden sehr günstig und wohltuend von dieser Mischung beeinflußt.

Der Zusatz von Salz (dann wird der Tee ohne Honig zubereitet) kann die Verdauungswege, den Stoffwechsel und die Ausscheidung sehr günstig beeinflussen; dies muß selbstverständlich auf die individuellen Bedürfnisse abgestimmt werden. Dieser Tee wirkt nicht abführend, sondern immer regulierend.

Eine Kur mit diesem Tee kann acht bis zehn Tage lang durchgeführt und nach einer Pause wiederholt werden.

Leinsamentee mit Ingwer und Kalmus

Zutaten: 1 Liter Wasser
2 Eßlöffel Leinsamen
1 Stück frische Ingwerwurzel
Kalmus, mengenmäßig die Hälfte der
verwendeten Ingwerwurzel

Zubereitung

Der Leinsamentee wird nach dem Grundrezept hergestellt. Am Ende der Kochzeit (zehn Minuten) wird die zerkleinerte Ingwerwurzel hinzugefügt. Dann läßt man alles leicht aufwallen und nimmt es sofort von der Kochstelle. Es ist wichtig, daß der Kalmus in den etwas abgekühlten Tee gegeben wird. Besonders wertvolle Inhaltsstoffe im Kalmus sind nämlich hitzeempfindlich. Man läßt den Tee fünfzehn Minuten lang ziehen, bevor man abseiht. Dieser Tee kann ohne weitere Zusätze getrunken werden oder mit Honig oder mit Salz, je nachdem, welche Wirkung man verstärken möchte.

Wirkungsbereich

Kalmus dominiert in diesem Tee nicht. Sein milder Einfluß ist dennoch wesentlich. Er erweitert den Wirkungsbereich des Leinsamen-Ingwertees, besonders auf den gesamten Stoffwechsel, das Nervensystem und die inneren Drüsen. Je nach Temperament und Veranlagung der Persönlichkeit kann man mit diesem Tee eine bestimmte Wirkung unterstützen und verstärken. Der Ingwer öffnet dem Kalmus sozusagen die Tür, damit dieser wirksam werden kann. Gemeinsam sorgen Leinsamen und Ingwer für eine gute Verträglichkeit. Ein Emetikum ist der Kalmus in so geringer Dosierung nicht.

In Asien wird der Kalmus den Verjüngungsmitteln zugeordnet. Er soll eine der besten Heilpflanzen für den Geist sein, die das Gedächtnis verbessern und das Bewußtsein stärken.

Leinsamen mit Ingwer und Kalmus kann eine sehr wirkungsvolle Kombination sein. Länger als acht bis zehn Tage sollte der Tee jedoch nicht getrunken werden.

Leinsamentee mit Fenchel

Zutaten: 1 Liter Wasser
2 Eßlöffel ungeschroteter Leinsamen
1 bis 3 Eßlöffel zerstoßene Fenchelkörner
nicht wärmegeschädigter Honig

Zusätze: Anis und Kümmel
oder Kümmel und Koriander
rote Kleeblüten
Gänsefingerkraut

Zubereitung
Leinsamentee nach dem Grundrezept herstellen. Die zerstoßenen Fenchelkörner in den gerade von der Kochstelle genommenen kochendheißen Tee geben oder zusammen mit dem Leinsamen aufbrühen. Man läßt alles etwa zehn Minuten lang ziehen und seiht dann ab. Die anderen Zusätze werden, wie der Fenchel, dem Tee zugesetzt oder mit überbrüht.

Wirkungsbereich
Die Verbindung von Leinsamen und Fenchel ist ausgesprochen wohltuend für Körper, Geist und Seele. Dieser aromatische Tee kann viele Gefahren abwenden und vermag vor mancherlei Beschwerden und Störungen zu schützen, wenn man ihn rechtzeitig und vorbeugend anwendet.

Es ist ratsam, wenigstens zweimal im Jahr, im Herbst und im Frühling, eine vorbeugende Kur mit diesem Tee zu machen (10 bis 14 Tage lang), um Infektionen vorzubeugen. Und hat es uns doch einmal erwischt, ist ein Leinsamentee mit Fenchel und Honig bei Husten, Schnupfen, Heiserkeit oder sogar Grippe sehr zu empfehlen.

Leinsamentee mit Fenchel hat auch einen sehr guten Einfluß auf die Verdauung, speziell bei Krämpfen und Blähungen. Hier können Anis und Kümmel gemeinsam oder im Wechsel die Wirkung des Tees noch unterstützen, ebenso wie Gänsefingerkraut. Die wohltuende Wirkung auf Blase und Harnwege kann durch den Zusatz von zerstoßenen Koriander- und Kümmelkörnern verstärkt werden. Diese werden mit dem Fenchel gemischt und überbrüht.

Allein die wunderbar duftende Ausstrahlung des Fenchel beruhigt die Nerven und regt zugleich den Geist an. Dies ist ein Getränk für jedermann, aber ganz besonders für Kinder und ältere Menschen.

Leinsamentee mit Fenchel und Kardamom

Dieser Tee wird genau wie Leinsamentee mit Fenchel zubereitet. Die Kardamomkapseln werden zerkleinert und mit überbrüht. Pulverisierten Kardamom kann man dem Tee in der Tasse zufügen (eventuell auch andere Zusätze wie Kurkuma oder Safran).

Wirkungsbereich
Leinsamentee mit Fenchel und Kardamom ist ein wohltuendes Getränk für jedermann, besonders für Kinder. Es ist ein gutes Mittel gegen Verdauungsstörungen. Der Tee löst Verschleimungen in Magen und Lunge und ist wirksam bei Husten, Heiserkeit und Erkältungen im allgemeinen. Kurkuma und Safran im Wechsel können die Wirkung des Tees hilfreich unterstützen.

Diese Kombination ist vielseitig in ihrer Wirkung. Sie soll den Geschmacks- und Geruchssinn anregen und zur Normalisierung beitragen. Außerdem klärt sie den Geist und kann das Herz wohltuend anregen und erfreuen.

Leinsamentee mit verschiedenen Kräutern und Gewürzen

Zutaten: ½ Liter Leinsamentee
2 Teelöffel getrocknete Kräuter oder die
dreifache Menge frischer Kräuter, und zwar:
Huflattich
Quendel
Spitzwegerich
Thymian
weiße Kleeblüten
Gewürze: Lakritze oder Ingwer

Zubereitung
Der Leinsamentee wird nach dem Grundrezept hergestellt. Von den Heilkräutern werden höchstens zwei ausgewählt, zum Beispiel Spitzwegerich und weiße Kleeblüten oder Spitzwegerich mit Quendel oder Thymian.

Diese Heilpflanzen werden mit dem zehn Minuten gekochten Leinsamentee überbrüht oder dem gerade fertig gekochten Tee zugefügt. Man läßt etwa zehn Minuten ziehen und seiht ab.

Soll dem Tee Lakritze zugefügt werden, wird diese in den heißen Tee getan. Der Honig kommt erst in den trinkwarmen Tee, um seine hitzeempfindlichen Inhaltsstoffe nicht zu schädigen.

Wirkungsbereich
Ein Leinsamentee, der mit diesen altbewährten Heilpflanzen zubereitet wurde, hat einen wohltuenden Einfluß auf die Atemwege, besonders bei Erkältungen und Bronchitis, und wirkt sehr günstig auf den Magen- und Darmbereich. Der Ingwer unterstützt die schleimlösende Wirkung des Leinsamens. Der Zusatz von Honig oder Lakritze kann

ebenfalls zur Schleimlösung und Desinfizierung beitragen und den Geschmack verbessern.

Es kann von Vorteil sein, jeden Monat acht bis zehn Tage lang Leinsamentee mit ausgewählten, immer wieder unterschiedlich Heilpflanzen zu trinken, um die Atemwege zu pflegen, die Schleimhäute zu schützen, das Gewebe zu stärken und Verschleimungen entgegenzuwirken, so daß sie belastenden Umwelteinflüssen wie Pollenflug und dergleichen oder Wetter- und Temperaturwechsel besser gewachsen sind.

Leinsamentee mit Zitronensaft und Honig

Der Leinsamentee wird nach dem Grundrezept hergestellt. Es kann manchmal angebracht und sehr von Vorteil sein, den Leinsamentee mit vier Eßlöffeln Leinsamen zuzubereiten. Der Tee ist dann recht schleimig und wird durch den Zitronensaft und den Honig verdünnt. Ein Zusatz von Safran oder Kurkuma ist empfehlenswert.

Wirkungsbereich
Dieser wohlschmeckende Tee stärkt und schützt die Schleimhäute. Aufgrund des hohen Vitamin C-Gehalts der Zitrone ist er besonders bei Erkältungen zu empfehlen. Er stärkt die Abwehrkräfte und wirkt sich äußerst positiv auf unsere gesamte Gesundheit aus.

ÄPFEL – die Gesundheitskugeln unserer Heimat

Ein sonnengereifter Apfel von einem Baum, der seine Wurzeln in der Heimaterde hat, ist eine wahre Schatzkammer für unsere Gesundheit. Wußten Sie das?

Schon seit über 300 Jahren wird der Apfel kultiviert, und in vielen Kulturen der Erde war er ein Symbol für die Liebe, die Fruchtbarkeit und die Gesundheit in einem ganzheitlichen Sinne. In der Tat ist er eines der einfachsten und wirkungsvollsten Hausmittel gegen unterschiedlichste Beschwerden. Hippokrates sprach dem Apfel große Heilkräfte zu, auch zur Heilung von Wunden und Knochenbrüchen. Paracelsus empfahl Apfelkuren zur Reinigung, Auffrischung und Regeneration.

Diese einfache, vitaminreiche Heilquelle ist ein wahres Gottesgeschenk, und es ist weise und vernünftig, dieses Geschenk anzunehmen und ausgiebig zu nutzen. Ich selbst bin eine große Apfelfreundin und freue mich jedes Jahr auf die neue segenbringende Ernte.

Es ist erstaunlich, wie vielseitig man diese köstlichen Früchte zubereiten kann. Äpfel harmonieren mit fast jedem Gemüse, obwohl Obst und Gemüse in der Regel nicht zueinander passen. Schonend zubereitet (gebacken, gedünstet, als Saft) verliert der Apfel seine unterschiedlich wirkenden Heilkräfte nicht – ganz im Gegensatz zu so manchem anderen Obst, das, zu Kompott verarbeitet, oft leberbelastend ist. Apfeltee wird in vielen Ländern geschätzt, nämlich überall dort, wo der Apfel zu Hause ist. Doch obwohl der Apfel sozusagen ein Kosmopolit ist, der auf der ganzen Welt ein hohes Angesehen genießt, sollte man eine Apfelteekur nicht mit importierten Äpfeln machen.

Eine Apfelteekur wird nur von Erfolg gekrönt sein, wenn sie mit sonnengereiften, einheimischen Äpfeln gemacht wird. Die Apfelsorten sind dabei von zweitrangiger Bedeutung. Allerdings sollten alle Apfeltee-Variationen im Einklang mit der Jahreszeit sein. Eine Kur ist während der Apfelernte am wirkungsvollsten, kann aber auch noch den ganzen Winter über und eventuell im Vorfrühling durchgeführt werden. Mit dem Wechsel der Jahreszeiten findet eine seelische und körperliche Umstellung im ganzheitlichen Sinne statt, ganz besonders im Frühling. Wenn man dem Beachtung schenkt, kann man vielen Störungen und Beschwerden (Frühjahrsmüdigkeit, Energiemangel und dergleichen) durch eine grundlegende Umstellung der Ernährung jede Basis entziehen. Ein Tee, der im Winter von unschätzbarem Wert sein kann, ist zur falschen Jahreszeit unangebracht und wertlos. Dies alles erfordert etwas Aufmerksamkeit, die aber tausendfach belohnt wird.

Apfel-Honigtee

Zutaten: 1 Liter Wasser
4 bis 5 Äpfel, je nach Größe, oder auch mehr, ungeschält und mit Kerngehäse, zerkleinert
Honig, nicht wärmegeschädigt

Zusätze: frisch ausgepreßter Zitronensaft von einer möglichst im Ofen nachgereiften Zitrone
Zitronenschale, unbehandelt
ein Stück Ingwerwurzel, zerkleinert
Rosenblütenblätter
Safran

Cayennepfeffer
Schwarzer Pfeffer
Nelken
Muskatnuß
Kardamom
Zimt
Muskatblüte

Zubereitung
Die zerkleinerten Äpfel werden mit kaltem Wasser angesetzt, langsam erwärmt, bis zum Aufwallen gebracht und
sofort von der Kochstelle genommen. Man läßt den Tee
zwanzig bis dreißig Minuten lang ziehen, seiht ab und
fügt erst dann den Honig und den Zitronensaft hinzu.
Den fertigen Tee kann man in eine Thermoskanne füllen
und hat dann den ganzen Tag über ein köstliches warmes
Getränk; aber auch kalt schmeckt er sehr gut, erfrischend
und wohltuend.

Wenn man noch weitere Zusätze verwenden will, ist
deren Zubereitung sehr wichtig. Von den oben vorgeschlagenen Zusätzen sollten höchstens vier ausgewählt
und sehr zart dosiert werden. Zitronenschale, Ingwerwurzel (frisch), Zimtstange, Nelken, Kardamomkapseln
(zerkleinert) und Rosenblätter werden mit den Äpfeln
zusammen im kalten Wasser angesetzt und langsam erwärmt. Safran, Muskatnuß, Muskatblüte, Kardamompul-
ver, Schwarzer Pfeffer und Cayennepfeffer werden dem
fertigen Tee in der Tasse zugefügt.

Wirkungsbereich
Eine dreiwöchige Kur mit Apfel-Honigtee (am besten
während der Apfelernte) ist eine Wohltat gegen Nervosität, Schlaflosigkeit und Streß. Auch für Kinder ist dieser Tee bestens geeignet. In unserer oft sehr hektischen

Welt kann es bei vielen Erwachsenen, aber auch schon bei Kindern durch zuviel Streß, falsche Ernährungsgewohnheiten und denaturierte Nahrungsmittel, besonders Fabrikzucker, zu einer Unterzuckerung kommen. Bei Streß mobilisiert der Körper seine Zuckerreserven und holt sie ins Blut. Zur Neutralisierung, sozusagen als Gegenmaßnahme, kommt es zu einer Insulinausschüttung und damit zu einer Unterzuckerung (Hypoglykämie). Eine ständige Unterzuckerung schadet den Nerven und macht reizbar und nervös. Streßgeplagte Menschen können sich schlecht konzentrieren und leiden oft unter Hungergefühl. Der Apfel enthält einen Zucker, auf den die Bauchspeicheldrüse nicht sofort mit einer Insulinausschüttung reagiert. Es kommt also nicht zu einer Unterzuckerung. Das ist der Hauptgrund, warum dieser Tee wirksam gegen Streß ist. Dieser köstliche Anti-Streßtee fördert die Leistungsfähigkeit, steigert die Konzentrationsfähigkeit und das Wohlbefinden und läßt kein Hungergefühl aufkommen, wenn der Körper noch gar keine Nahrung braucht.

Das spielerische Zusetzen von Gewürzen kann den Wirkungsbereich des Tees erweitern und verstärken. Die Gewürze sollten abwechselnd zur Anwendung kommen. Meist genügen Zitronensaft und Honig, besonders für Kinder. Grundsätzlich gilt, daß die Gewürze sorgfältig ausgewählt und nicht zuviel durcheinander gemischt werden sollte. Spielerisch dem Geschmack schmeicheln, aber eine klare Linie einhalten!

Eine kleine Prise Muskatnuß und einige Körnchen Salz (Meersalz oder Steinsalz) sollen Schlaflosigkeit und Nervosität lindern.

Ein Stück zerkleinerte Ingwerwurzel wird die verdauungsregulierende, herzstärkende und schleimlösende Wirkung verstärken.

Mit einer Prise Cayennepfeffer oder Schwarzem Pfeffer hat dieser Tee eine belebende, wärmende, schleimlösende Wirkung und stärkt die Abwehrkräfte.

Rosenblütenblätter sorgen für Harmonie in fast jedem Tee, so auch in Verbindung mit dem Apfel.

Zimt und Nelken wird seit uralten Zeiten ein günstiger Einfluß auf die Unterleibsorgane der Frauen nachgesagt.

Safran, der „Sonnenscheinbringer", kann in der kalten Jahreszeit wahre Wunder bewirken, wenn er diesem Tee in der Tasse zugefügt wird. Wenn man eine dreiwöchige Apfelteekur macht, ist es von Vorteil, den Tee eine Woche lang – bei zunehmendem Mond bis ein bis zwei Tage nach dem Vollmond – mit Safran zu trinken. Der Safran verstärkt den wundervollen Einfluß des Tees auf das vegetative Nervensystem, das in Verbindung mit den Drüsen arbeitet.

Für Kinder ist ein Apfel-Honigtee mit Safran und Zitronensaft bestens geeignet. Er stärkt die Abwehrkräfte, beugt Allergien vor und vermag Ausgeglichenheit und Harmonie zu verbreiten.

Für die Dosierung der Zusätze gibt es kein Patentrezept, da Geschmacks- und Geruchssinn individuell unterschiedlich sind. Die Zusätze dürfen den Apfel-Honigtee jedoch niemals dominieren.

Apfel-Baldriantee

Zutaten: 3/4 Liter Wasser
2 bis 3 Äpfel, je nach Größe, mit Schale und Kerngehäuse, zerkleinert
1 gehäufter Eßlöffel Baldrianwurzel
eventuell Honig

Zusätze: Gänsefingerkraut
Zitronenmelisse
Lavendel
Pfefferminze

Zubereitung

Der Baldrianaufguß wird separat zubereitet. Man übergießt die Baldrianwurzeln mit einem Viertelliter kaltem Wasser, läßt sie über Nacht zugedeckt stehen und seiht am nächsten Morgen ab. Diesen Baldrianaufguß fügt man dem etwas abgekülten Apfel-Honigtee zu, den man nach obigem Rezept zubereitet hat. Wenn eine Heilpflanze zugesetzt werden soll, wählt man unter den oben angegebenen eine aus und fügt sie dem von der Kochstelle genommenen Apfeltee zu.

Zweite Zubereitungsart

Die Äpfel werden in einem Dreiviertelliter kaltem Wasser angesetzt und langsam erwärmt, aber nicht heiß gemacht. Mit einem Viertelliter dieser warmen Flüssigkeit übergießt man die Baldrianwurzeln. Dieser Aufguß soll etwa eine Stunde lang zugedeckt ziehen. Den Apfeltee läßt man nach dem Aufwallen auch eine Stunde lang stehen. Dann seiht man beide Tees ab und gießt sie zusammen in eine heiß ausgespülte Thermoskanne. Natürlich kann man eine Tasse dieses Tees, mit oder ohne Honig, auch gleich nach der Fertigstellung genießen.

Wirkungsbereich

Äpfel und Baldrian bilden eine ideale Himmel-Erde-Kombination. Der Wirkungsbereich des Apfel-Honigtees gegen Nervosität, Streß und Schlaflosigkeit kann durch den Zusatz von Baldrian wesentlich verstärkt werden. Wichtig ist jedoch, daß man den Baldrian liebt und seine

Ausstrahlung und sein Aroma als angenehm empfindet. Ist diese Sympathie nicht vorhanden, können seine wertvollen Inhaltsstoffe die in sie gesetzten Erwartungen möglicherweise nicht so ganz erfüllen.

Baldrian hat einen direkten Einfluß auf die Psyche. Er kann Verkrampfungen lösen und die Stimmung heben. Außerdem gehört er zu den Augenpflanzen, was insofern bemerkenswert ist, als man die Augen auch als „Fenster der Seele" bezeichnet. Seine Heilkraft ist seit alters her bekannt und hochgeschätzt. Bei allen Störungen des vegetativen und Zentralnervensystems spielt er eine nicht zu unterschätzende Rolle. Bevor Sie also bei Nervosität und Schlafstörungen zu chemischen Schlaf- und Beruhigungsmitteln greifen, sollten Sie es mit einem Apfel-Baldriantee probieren.

Erstaunlicherweise gibt es Menschen, auf die Baldrian anregend wirkt. Das sind jedoch seltene Ausnahmen.

Baldrian sollte nicht überdosiert und nicht über einen längeren Zeitraum (länger als zehn bis zwölf Tage, je nach Temperament) vorbeugend angewendet werden, um einen Gewöhnungseffekt zu vermeiden. Bei bestimmten Beschwerden kann eine längere Anwendung jedoch angebracht sein.

Von den aufgeführten Kräutern wird nur eines ausgewählt. Alle vier verstärken und unterstützen die krampflösende, beruhigende Wirkung des Baldrian.

Im Gegensatz zu anderen getrockneten Heilpflanzen behalten Baldrianwurzeln ihre Heilkraft und ihre eigentümlichen Aromastoffe über einen sehr langen Zeitraum.

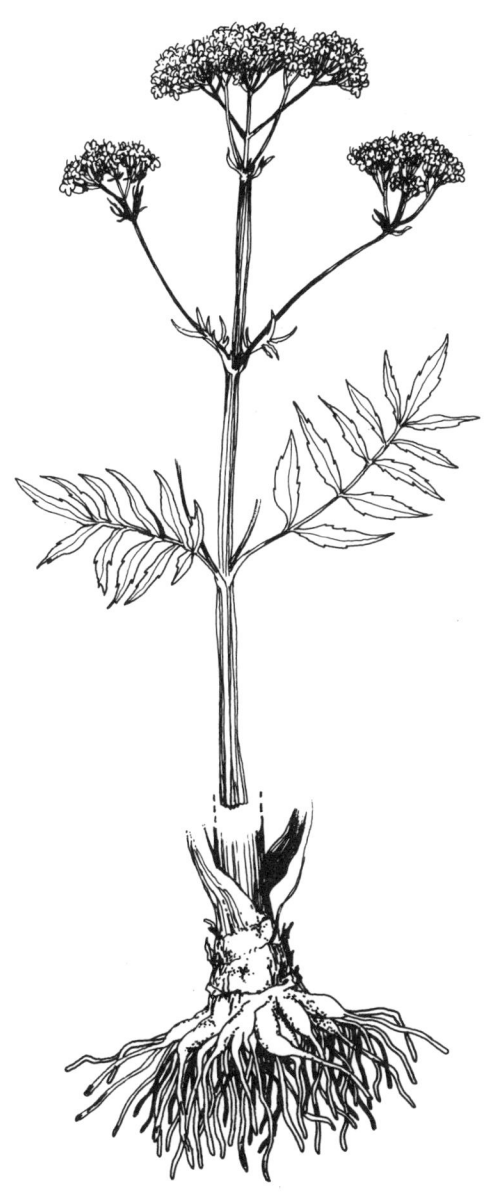

Baldrian (Valeriana officinalis)

Apfel-Kalmustee

Zutaten: ³/₄ Liter Wasser
2 Äpfel mit Schale und Kerngehäuse,
zerkleinert
1 gestrichener Eßlöffel Kalmuswurzeln,
zerkleinert

Zusätze: Safran, besonders in der
kalten, lichtarmen Jahreszeit
Nelken
Kardamom
Muskatnuß

Zubereitung
Der Apfeltee wird nach dem Grundrezept zubereitet. Von
den Kalmuswurzeln wird separat ein Kaltwasserauszug
hergestellt. Die Wurzeln übergießt man mit einem Viertelliter kaltem Wasser und läßt sie zugedeckt über Nacht
oder zumindest einige Stunden lang stehen. Den abgesieb-
ten Kalmusauszug gibt man in den nicht mehr heißen
Apfeltee und füllt anschließend beides in eine heiß ausgespülte Thermoskanne.

Wirkungsbereich
Im Apfel-Kalmustee treffen sich Himmel und Erde und
ergänzen einander. In erster Linie beeinflußt Kalmus
durch seine verdauungsanregenden Kräfte den gesamten
Stoffwechsel. In Verbindung mit dem Apfel kann er auch
gegen Nervosität und Schlafstörungen eingesetzt werden.
   In Indien genießt der Kalmus seit uralten Zeiten ein
hohes Ansehen. Man schätzt ihn als Verjüngungsmittel
für das Gehirn, das Nervensystem und die Drüsen. Er soll
eines der besten Heilmittel für den Geist sein.

Moderne wissenschaftliche Analysen geben vielfach recht genaue Auskünfte über die Inhaltsstoffe einer Pflanze und erklären damit ihre Wirkung. Damit macht man es sich jedoch zu einfach, denn die Wirkung einer Heilpflanze beruht meist auf dem Zusammenwirken der isolierbaren Wirkstoffe mit noch unbekannten Substanzen. Auf das Wissen um die genaue Zubereitung eines Tees wurde daher in Indien mehr Wert gelegt als auf das Wissen um die einzelnen Inhaltsstoffe, deren Wirkung durch falsche Zubereitung gemindert oder sogar zerstört werden kann. Im Extremfall kann das bedeuten, daß ein Tee das genaue Gegenteil dessen auslöst, was eigentlich erreicht werden sollte.

Zu den besonders wertvollen Inhaltsstoffen der Kalmuswurzel gehören unter anderen Acethylcholin und Cholin, die für die Darmbewegungen, die Leber und das vegetative Nervensystem von größter Wichtigkeit sind. Cholin ist hitzempfindlich. Wird es zerstört, wirkt der Tee nicht mehr stoffwechselanregend, sondern eher stopfend. Ein Zusatz von Honig ist in diesem Tee nicht angebracht, weil er die Wirkung auf den Stoffwechsel weitgehend mindert.

Den besten Einfluß hat der Tee, wenn er eine halbe Stunde vor und nach den Mahlzeiten getrunken wird (je eine halbe Tasse) oder auch als Einschlafhilfe vor dem Zubettgehen. Er verbessert den Schlaf und beruhigt das Herz. Ein Zusatz von Safran, Nelken, Kardamom oder Muskat kann für eine gute Aufnahme des Tees sorgen und seine Wirkung auf die Nerven und Drüsen günstig beeinflussen.

Der Tee eignet sich zur kurmäßigen Anwendung zehn bis zwölf Tage lang. Die Kur kann nach einer Pause wiederholt werden.

APFELESSIG UND APFELWEIN –
alte Hausmittel neu entdeckt

Den Umgang mit Apfelwein und Apfelessig lernte ich durch unsere Freunde Fritz und Trautel kennen. Wir begegneten uns 1961 in Atlanta, Georgia. Fritz war eine schillernde Persönlichkeit voller Unternehmungsgeist und Lebensfreude. Seinen köstlichen Apfelwein stellte er selbst her, und zwar nach Rezepten aus einem unscheinbaren Büchlein, das mit handschriftlichen Notizen gefüllt war. Fritz nannte es sein „Heimatbücherl" und hütete es wie einen Schatz. Sein Vater, der praktischer Arzt in München gewesen war, hatte es ihm mit auf den Weg ins „Land der unbegrenzten Möglichkeiten" gegeben.

Das Büchlein enthielt viele Rezepte und Ratschläge, unter anderem mit Apfelessig, die uns damals sehr hilfreich waren. Auf geschwollene Insektenstiche legten wir Essigumschläge, wir setzten ihn gegen Erkältungen ein, und an feuchtheißen Tagen gab uns ein Getränk mit einem Schuß Apfelessig und ein bißchen Honig Schwung und Leichtigkeit.

Mein Wissen um den Heilwert und die Anwendung von Heilpflanzen nützten mir in jenen Tagen wenig. In der freien Natur hätte ich nicht gewagt, Kräuter zu sammeln, obwohl sie überall üppig grünten und blühten. Wo man hätte sammeln können, wohnten Giftschlangen, Skorpione und ähnliches Getier. Wir befanden uns schließlich im Süden der USA. Kaufen konnte man Heilkräuter in den sechziger Jahren nirgendwo. Kräuterwissen wurde vielfach als abergläubischer Indianerkult abgetan, und meine Fragen riefen allenfalls Erstaunen hervor. So hinterwäldlerisch konnte ein moderner Mensch doch auch in Europa nicht mehr sein. Als nach ein paar Jahren eine Rückbesinnung stattfand, begrüßte ich diese natürlich sehr. In Sankt Petersburg, Florida, wo wir fast zehn Jahre später wohnten, hatte ich mich wieder intensiv meinen Lieblingen, den Heilpflanzen zugewendet, als ich das Buch einer englischen Ärztin, Constance Mellor, entdeckte. Was in diesem interessanten Buch mit dem Titel *Natural Remedies For Common Ailments* über Apfelessig und seine Wirkungen stand, deckte sich weitgehend mit dem, was ich aus dem Heimatbücherl unseres Freundes Fritz wußte.

Bei einem späteren Besuch in Atlanta erfuhr ich, daß das wertvolle Bücherl inzwischen abhanden gekommen war. Es war ein herber Verlust für Fritz, nicht etwa, weil ihm die Rezepte so wichtig gewesen wären, sondern weil er aus den handgeschriebenen Zeilen die Stimme seines Vaters zu vernehmen glaubte, der inzwischen nicht mehr unter den Lebenden weilte. Seine Vorliebe für selbst hergestellten Apfelessig und Apfelwein hatte Fritz mittlerweile spezialisiert. Er kombinierte Apfelwein oder auch Apfelessig mit den unterschiedlichsten Heilpflanzen und Gewürzen, die er äußerlich und innerlich mit recht gutem Erfolg anwendete. Am meisten überzeugt war Fritz von seinem Apfelwein-Milch-Getränk, das er zu gleichen Teilen aus wenigstens zwei Jahre altem Apfelwein, frischer Rohmilch und destilliertem Wasser herstellte. Dieses Getränk hielt er, ebenso wie seinen Essig und seinen Wein, kombiniert mit Kräutern und manchmal auch mit Gewürzen, für ein Allheilmittel gegen sämtliche Krankheiten.

Genaue Dosierungen gab es für ihn nicht. Immer zog er die Konstitution des jeweiligen Menschen in Betracht, das Alter, das Temperament und die Veranlagung. Er betonte immer wieder, daß jeder Mensch seine eigenen Elixiere zusammenstellen könne und daß dazu nur einige

Kenntnisse der eigenen Persönlichkeit (die niemand so gut studieren könne wie man selbst) und das Wissen über ein paar Zusammenhänge im eigenen Körper nötig seien. Das alles solle man sich möglichst aneignen, solange man noch geund und munter sei, denn dann macht es Freude, die eigenen Stärken und Schwächen zu entdecken, und gibt Selbstsicherheit und Vertrauen in die eigenen Fähigkeiten. Ein sehr umfangreiches Wissen über Heilpflanzen und Gewürze hielt Fritz für gar nicht unbedingt notwendig, solange man eine engere Beziehung zu einigen Heilpflanzen und Gewürzen hat. Apfelessig und Apfelwein betrachtete er als Schlüssel, die die Bereitschaft zur Aufnahme der angebotenen Substanzen wecken und nahezu garantieren konnten, daß diese Substanzen nicht nur oberflächlich wirkten, sondern nachhaltig in tiefere Schichten vordrangen.

Es ist in der Tat erstaunlich, wie viele Möglichkeiten es gibt, Apfelessig mit Heilpflanzen und Gewürzen zu kombinieren. Schon Hippokrates und andere Ärzte des Altertums wußten um diese Möglichkeiten. Paracelsus soll, um infizierte Wunden zu behandeln, Umschläge aus Essig und Heilpflanzen aufgelegt haben. Während der Pestepidemien schützte man sich vor Ansteckung, indem man Essig mit antiseptischen, desinfizierenden Kräutern ansetzte und diesen Essig innerlich und äußerlich anwendete. Wenn in Kriegszeiten die Desinfektionsmittel knapp wurden, griff man immer zu Essig.

Apfelessig ist heute so wertvoll wie in alten Zeiten. Ein hochwertiger, naturbelassener Gärungsessig (nicht gefiltert, überhitzt oder pasteurisiert) ist reich an aktiven organischen Wirkstoffen. Dazu gehören Enzyme (Enzymaktivität steht für Lebendigkeit, also Naturbelassenheit), essentielle Aminosäuren, Vitamine, Mineralstoffe, Spurenelemente, Ballaststoffe (das Pektin des Apfels), natürliche

Farb- und Aromastoffe und viele andere unbekannte Stoffe. Der Apfelessig führt dem Körper aber nicht nur wertvolle Substanzen zu, sondern fördert gleichzeitig seine Fähigkeit, auch die notwendigen Stoffe aus der angebotenen Nahrung zu verwerten. Der Mensch lebt nicht von dem, was er aufnimmt, sondern von dem, was er aufnimmt und auch verwerten kann.

Auch die englische Ärztin Constance Mellor beschreibt Apfelessig in ihrem Buch *Natural Remedies For Common Ailments* als absolut ungefährliches Hausmittel. Überdosierungen und gewohnheitsmäßiger Gebrauch sind selbstverständlich immer zu vermeiden. Apfelessig soll die Aufnahmebereitschaft des Körpers für Mineralstoffe und Spurenelemente erhöhen, schreibt sie. Das erscheint mir angesichts von Problemen wie Osteoporose und ähnlichen Beschwerden besonders erwähnenswert. Apfelessig unterstützt die Kalziumaufnahme und hilft, auch andere wichtige Substanzen aus der Nahrung besser zu verwerten. Eine Kur mit einem Heilpflanzentee, dem Apfelessig und Honig (zur besseren Verträglichkeit) zugesetzt wurde, kann große Vorteile bringen.

Für eine Kur mit Apfelessig in Kombination mit Heilpflanzen und Gewürzen ist die warme Jahreszeit am besten geeignet, während Apfelwein mit Heilpflanzen und Gewürzen im Herbst und Winter angebracht ist. Die Anwendung von Apfelwein und Apfelessig ist von den Mondphasen weitgehend unabhängig. Diese sollten jedoch im Zusammenhang mit den verwendeten Heilpflanzen beachtet werden. Nicht alle Heilpflanzen lieben den Apfelessig. Hagebutten, Fenchel, Anis und einige andere lassen sich weder mit Apfelessig noch mit Zitronensaft kombinieren. Während einer Kur kann es von Vorteil sein, ein bis drei Tage lang ganz vom Apfelessig Abstand zu nehmen, um den Tee mit Anis oder Fenchel zuzubereiten und dann erneut zum Apfelessig zurückzukehren. Ein solcher Wechsel bringt neue Impulse.

Hinweis

Ein Salat, der mit Apfelessig zubereitet wurde, wird eine völlig andere Wirkung im Körper haben als ein Heilpflanzentee, dem Apfelessig zugefügt wurde. Wenn der Salat oder das Gemüse viel Nitrat oder Nitrit enthält, kann der Essig (soweit mir bekannt ist auch der naturbelassene) zur Bildung von Nitrosaminen beitragen. Nitrosamine können krebserregend sein, wenngleich sie sich in einem gesunden Organismus nicht unbedingt schädlich auswirken müssen. Frischer Zitronensaft, besonders in Verbindung mit Apfel, wird die Bildung von Nitrosaminen im Salat verhindern.

Gemüsesäfte mit Apfelessig und Mineralwasser, die in den sechziger und auch noch in den siebziger Jahren als die idealen Muntermacher gepriesen wurden, sind heute auch nicht mehr so angebracht wie damals, denn die Nitrit- und Nitratwerte im Gemüse sind deutlich angestiegen. Da der Essig die Bildung von Nitrosaminen fördert, ist es ratsam, den Gemüsesaft mit Zitronensaft zu trinken und ihn mit Wasser zu verdünnen. Ein Gemüsesaft ist ein Konzentrat ohne Balaststoffe, das sehr belastend für den Stoffwechsel (Leber) sein kann.

Abschließend noch etwas zur Geschmacksrichtung des Apfelessigs. Macht Sauer lustig oder wird man davon sauer? Geschmacksrichtungen können unseren Körper und unsere Seele auf subtile Weise beeinflussen, was sich unter anderem in Redensarten wie den beiden gerade genannten niederschlägt. Unser gesamtes Nervensystem wird sehr stark von unserem Geschmacks- und Geruchssinn beeinflußt. Diese beiden Sinne bestimmen mit über unser Verhalten, unsere Stimmung und unser Wohlbefinden. Das durch Gärung entstandene Sauer des Apfelessigs ist eine dominante Geschmacksrichtung. In einem Getränk aus Apfelessig, Heilpflanzen und Gewürzen gibt es jedoch noch andere, teils kaum wahrnehmbare Geschmacksrichtungen, deren zarte Schwingungen eine energetisierende Wirkung haben. Diese zarten und dennoch bemerkenswerten Schwingungen haben wichtige vermittelnde, ausgleichende und harmonisierende Eigenschaften und sind in der Lage, Gefühle und Empfindungen, die durch einen Geschmack ausgelöst werden, auf geheimnisvolle Weise mitzubestimmen.

Sauer weckt die Lebendigkeit, beschwingt den Geist, macht munter und Lust (lustig). Diese Geschmacksrichtung wirkt anregend auf Stoffwechsel, Kreislauf und Appetit. Saures kann die Aufnahmefähigkeit des Körpers fördern und wirkt dadurch aufbauend und nährend. Zuviel Sauer stört jedoch das biologische Feuer der Verdauung, das den Stoffwechsel regelt. Es kann allgemeine Schwäche bewirken, besonders eine Schwächung der Muskelkraft, und läßt Toxinansammlungen mit vielfältigen negativen Auswirkungen entstehen.

Brennessel mit Apfelessig

Zutaten: ³/₄ Liter Wasser
3 bis 4 Teelöffel Brennesseln, getrocknet oder
frisch zerkleinert die drei- bis vierfache Menge
1 bis 2 Teelöffel naturreiner Apfelessig
pro Tasse oder
Brennesselwurzel-Apfelessig oder
Brennesselsamen-Apfelessig
Honig, kaltgeschleudert

Brennessel (Urtica dioica und *Urtica urens)*

Zusätze: ein Stück frische, zerkleinerte Ingwerwurzel
Nelken
Muskatnuß
Wacholderbeeren (nicht bei einer Entzündung)
Koriander
Zimt
Kardamom
Schwarzer Pfeffer
Cayennepfeffer
Safran

Zubereitung
Brennesseln dürfen großzügig dosiert werden, besonders wenn sie frisch verwendet werden. Man brüht sie auf und seiht nach sieben bis zehn Minuten ab.Apfelessig und Honig werden dem Tee in der Tasse zugefügt.Ingwer, Koriander oder Nelken, Wacholderbeeren und Zimtstange setzt man in kaltem Wasser an, läßt sie einmal aufkochen und überbrüht damit die Brennesseln. Nach sieben bis zehn Minunten wird alles abgeseiht. Muskatnuß, Kardamom, Safran, Schwarzer Pfeffer oder Cayennepfeffer werden dem Tee ebenfalls in der Tasse zugefügt.

Wirkungsbereich
Die Brennessel ist eine Universalheilpflanze, die in Verbindung mit dem Apfelessig unseren gesamten Körper zu reinigen vermag. Dadurch wird indirekt auch der Stoffwechsel erleichtert.

Apfelessig und Brennessel gemeinsam wirken zusätzlich durch ihren Gehalt an stoffwechselaktiven Substanzen. Ihr gemeinsamer Reichtum an aktiven biologischen Vitalstoffen ergänzt sich vortrefflich. Ihre Wirkung beruht aber nicht nur auf den Eigenschaften einzelner Wirkstoffe (deshalb sind diese auch nicht einzeln aufgeführt).

Alle Inhaltsstoffe, auch die zum größten Teil noch unerforschten Begleitstoffe, können die Wirkung der Hauptinhaltsstoffe wesentlich verändern, zum Beispiel abschwächen oder verstärken. In der Phytochemie weiß man inzwischen durch Untersuchungen sehr viel über die isolierbaren Wirkstoffe von Pflanzen, aber offenbar sehr viel weniger über die Wirkung einer Pflanze als Gesamtkomplex.

Deshalb gibt es leider immer wieder Unstimmigkeiten zwischen der experimentellen Forschung und ihrer Übertragung auf die praktische Anwendung.

Brennesseln gehören zu den Pflanzen, die uns vom zeitigen Frühling bis in den Herbst hinein begleiten. Die große mehrjährige, zweihäusige und die kleine einjährige, einhäusige Brennessel sind in ihrer Heilkraft gleichwertig. Die Brennessel wird niemals giftig. Ihre Inhaltsstoffe verändern sich jedoch im Laufe des Jahres, wie es auch bei einigen anderen Pflanzen der Fall ist. Wenn beispielsweise der Löwenzahn Blüten ansetzt, geht seine Kraft in den Stengel, die Knospe und die Blüte, aber seine Wurzeln und Blätter werden dennoch nicht giftig. Das ist aber nicht bei allen Heilpflanzen so, manche werden im Verlauf dieses Prozesses giftig.

Brennesseln dürfen zwar großzügig dosiert werden, besonders in frischer Form, es sind jedoch immer Faktoren wie Konstitution, Alter, Veranlagung und dergleichen zu beachten, denn auch diese Universalheilpflanze ist nicht für eine bequeme, gedankenlose Daueranwendung geeignet.

Bei einer Heilpflanzenwanderung sagte eine Teilnehmerin: „Ich trinke seit über einem Jahr Brennesseltee, immer mit einem Löffel Schwedenkräuter.“

Auf meine erstaunte Frage, warum sie so etwas mache, meinte sie: „Ja, ich weiß auch nicht. Ich habe mal gehört, es soll wohl gut sein.“

Die längste Anwendungsdauer einer Kur mit Brennesseln beträgt sechs Wochen. Wenn eine anschließende Kur, zum Beispiel mit Schachtelhalm, geplant ist, genügen vier Wochen. Nach einer Kur kann die Kombination Brennesseltee mit Apfelessig und Gewürzen, besonders Ingwer, die Aufnahmebereitschaft des Körpers für eine anschließende Kur mit einer anderen Heilpflanze nachhaltig erhöhen. Apfelessig und Ingwer sorgen für eine höhere Aufnahmebereitschaft und bereiten sozusagen den Weg für eine neue Heilpflanze, ohne daß sie während der folgenden Kur weiterhin zugesetzt werden müssen.

Über die vielseitigen und unterschiedlichen Heilwirkungen der Brennessel ließe sich ein ganzes Buch füllen. Ich selbst bin seit meiner Kindheit mit dieser Pflanze befreundet. In der Nachkriegszeit sammelten meine Geschwister und ich häufig alles eßbare Grün in der freien Natur für den Mittagstisch. Brennesseln bildeten immer den Hauptanteil in dem köstlich schmeckenden Gemüse, das meine Mutter wie Spinat zubereitete.

Viele Jahr später, als wir in Atlanta wohnten, lernte ich in einem Nationalpark in North Carolina einen Imker kennen, dessen Großeltern aus Österreich-Ungarn in die USA eingewandert waren. Obwohl er selbst niemals in Europa gewesen war, sprach er ein erstaunlich gutes Deutsch. Dieser freundliche alte Mann, lebte versteckt und bescheiden hoch oben in den Bergen und hatte nicht nur einen wundervollen Honig, sondern besaß auch erstaunliche Kenntnisse über Heilpflanzen aus alten Schriften in deutscher Sprache, die er mir mehrmals großzügig zur Einsicht zur Verfügung stellte. Danach hatte die Brennessel mt ihrem Kraut, ihren Wurzeln und ihren Samen eine ganz besondere Bedeutung für mich.

Eine Kur mit frischen oder getrockneten, aber nicht überalterten Brennesseln, Apfelessig und Ingwer wirkt stark entgiftend, entschlackend und entschleimend. Bei Frühjahrsmüdigkeit, Rheuma, Gicht und allen Erkrankungen, die von Ablagerungen verursacht werden, ist eine solche reinigende Kur angebracht. Man beginnt eine kurmäßige Anwendung am besten mit dem abnehmenden Mond, wenn die Kräfte „Locker und Loslassen" vorherrschen. Bei zunehmendem Mond kann die Brennessel unter anderem durch ihren Gehalt an Kieselsäure aufbauend wirken.

Diese Fähigkeiten können durch Gewürze mit anabolischem (aufbauendem) Charakter, wie Muskatnuß oder Safran, wirksam unterstützt werden.

Dieser Tee kann durch den Zusatz von Wacholderbeeren, im Wechsel mit Koriander, einen sehr guten Einfluß auf Nieren und Blase haben. Er wirkt der Steinbildung entgegen, und durch den Apfelssig unterstützt er die Nieren bei ihrer Aufgabe, Säuren und Basen im Gleichgewicht zu halten. Apfelessig in Verbindung mit Brennessel neutralisiert Säuren.

Von ganz außergewöhnlicher Wirkung sollen die Wurzeln der Brennessel im zeitigen Fühling sein, wenn die Pflanze die ersten jungen Triebe zeigt.

Da die Wirkstoffe der Brennessel zum Teil hitzeempfindlich sind, setzte unser Freund Fritz Brennesselwurzeln gereinigt und zerkleinert mit ein paar Gewürznelken 14 Tage lang in Apfelessig an. Danach wurde der Aufguß durch ein Tuch abgefiltert. Einen bis zwei Teelöffel dieses Brennesselwurzel-Apfelessigs fügte er dem trinkfertig abgekühlten Brennesseltee bei. Dieser Tee soll eine sehr gute Wirkung auf das gesamte endokrine System haben, ganz besonders auf Bauchspeicheldrüse und Prostata.

Die Heilwirkungen der Brennesselwurzel sind noch weitgehend unerforscht. Mit den Brennesselsamen hingegen hat man sich eingehender befaßt. Diese kleinen

Kügelchen empfahl schon Hippokrates, weil sie eine aphrodisierende Wirkung haben sollen. In seiner Schrift „Liebeskunst" stellte der römische Dichter Ovid vor 2000 Jahren seinen „Liebestrank" vor, dessen Hauptbestandteil Brennesselsamen waren. Wissenschaftlich ließ sich nachweisen, daß die Samen einen hochkonzentrierten Gehalt an pflanzlichen Hormonen und Sekretinen enthalten. Eine Störung im Hormonhaushalt braucht bei einer kurmäßigen Anwendung jedoch nicht befürchtet zu werden, weil die Pflanzenhormone nicht mit menschlichen Hormonen identisch sind. Sie wirken regenerierend und belebend und kräftigen den gesamten Organismus. Wechseljahresprobleme, die manchmal verstärkt im Herbst und Winter auftreten (vielleicht durch die Abnahme der Sonneneinstrahlung) können mit Brennesselsamen sehr gemindert werden.

Ich selbst mache seit vielen Jahre nur die besten Erfahrungen mit diesen kleinen Kügelchen. Sie sind geschmacksfrei, zart in der Struktur und können, etwas zerstoßen, dem Essen beigegeben werden.

Die Inhaltsstoffe der Samen sind sehr hitzeempfindlich. Deshalb werden sie in der folgenden Zubereitung, etwas zerstoßen, in Apfelessig und Apfelwein angesetzt. (Manchmal werden sie auch in Alkohol eingelegt, weil diese Tinktur besser haltbar ist; sie gilt aber nicht als ganz so heilkräftig.)

Brennesselsamen mit Apfelessig und Apfelwein

Zutaten: ¹/₄ Liter Apfelessig
¹/₄ Liter Apfelwein
eventuell 1 bis 2 Eßlöffel Honig
1 Tasse zerstoßene Brennesselsamen

Zusätze: Zimt
Nelken
Safran
eventuell je 1 Teelöffel Baldrian und Kalmus
oder 2 Teelöffel von einem von beiden

Zubereitung
Apfelessig und Apfelwein werden über die Brennesselsamen gegossen. Wenn Baldrian und/oder Kalmus mitverwendet werden sollen, setzt man sie zusammen mit den Brennesselsamen an. Zimtstange und Nelken können ebenfalls zusammen mit den Samen angesetzt werden. Diesen Aufguß läßt man 14 Tage lang stehen und filtert ihn dann durch ein Tuch ab.
Pulverisierter Zimt oder Safran (besonders wirkungsvoll bei zunehmendem Mond) wird nach dem Abfiltern zugegeben. Von dieser Mischung gibt man einen bis zwei Teelöffel auf eine trinkfertig abgekühlte Tasse Brennnesseltee (es darf aber auch ein anderer Heilpflanzentee sein).

Wirkungsbereich
Dieses Getränk regt die Blutbildung an, soll die Aufnahmefähigkeit und bessere Verwertung von Kalzium aus der angebotenen Nahrung fördern (wichtig zur Vorbeugung von Osteoporose) und vorzeitiges Altern verhindern. Die ausgewählten Gewürze können die Wirkung der Mischung aktiv fördernd verstärken, indem sie Impulse geben, Potenzen erzeugen und steigern, krankmachende Stimmungen aufhellen und vitalisierend zum Aufbau beitragen. Es scheint mir außerdem erwähnenswert, daß die Sekretine der Brennesselsamen in Verbindung mit dem Apfelessig die Produktion von Magensäure und ganz allgemein von Verdauungssäften normalisieren, sodaß die Nahrung besser

ausgenutzt werden kann. Sie fördern außerdem das Wachstum „freundlicher" Bakterien im Darm.

Frühlingsblüten mit Apfelessig und Apfelwein

Zutaten: ¹/₄ Liter Apfelessig
¹/₄ Liter Apfelwein
1 bis 2 Eßlöffel Honig
eine große Handvoll Frühlingsblüten,
zum Beispiel Veilchen, Huflattich, Schlüsselblumen, Gänseblümchen, Löwenzahn

Zusätze: ein kleines Stück zerkleinerte Ingwerwurzel
ein Stück Vanilleschote oder
etwas pulverisierte Vanille

Zubereitung
In dem leicht angewärmten Apfelwein löst man den Honig. Dann gibt man den Essig dazu sowie alle Blüten (man kann auch nur eine oder zwei Blütensorten ansetzen), die Ingwerwurzel und die Vanilleschote. Dieses Gemisch läßt man 14 bis 21 Tage lang stehen und filtert es dann durch ein Tuch ab. Pulverisierte Vanille fügt man erst nach dem Abfiltern hinzu.

Wirkungsbereich
Dieses Frühlingsblütenelixier weckt unsere Lebensgeister. Ein bis zwei Eßlöffel davon, in einer Tasse heißem Wasser (abgekocht oder destilliert), in einem Leinsamentee oder in einem anderen Heilpflanzentee getrunken, fördert die Entschlackung, erhöht die Aufnahmefähigkeit des Körpers und stärkt die Abwehrkräfte (siehe auch *Wiesenblütentee mit Apfelessig*).

Frauenmantel und Weiße Taubnessel mit Apfelessig

Zutaten: 1 Liter Wasser
2 Eßlöffel Frauenmantel und Weiße Taubnessel,
getrocknet, zu gleichen Teilen gemischt
Wenn man frische Pflanzen verwendet, nimmt
man die drei- bis vierfache Menge.
naturvergorener Apfelessig
Honig, kaltgeschleudert

Zusätze: Gänseblümchen
Schafgarbe
Johanniskraut
Beifuß
Hirtentäschel
Ringelblume
Borretsch
Gänsefingerkraut
Zimt
Nelken
Safran
Muskatnuß
Kurkuma
alle Pfeffersorten

Zubereitung

Von den vorgeschlagenen Kräuterzusätzen wählt man nicht mehr als zwei aus. Dann brüht man Frauenmantel, Weiße Taubnessel und die ausgewählten Zusatzkräuter (jeweils 1 Teelöffel, getrocknet, oder die drei- bis vierfache Menge, frisch) mit kochendem Wasser auf. Zimtstange und Nelken werden in kaltem Wasser angesetzt und mit zum Kochen gebracht. Die anderen Gewürze, von denen man ebenfalls nicht mehr als zwei auswählt,

Frauenmantel (Alchemilla vulgaris)

werden dem Tee in der Tasse beigefügt. Auch der Apfelessig und der Honig werden dem Tee in der Tasse zugegeben. Von diesem Tee trinkt man zwei oder drei Tassen über den Tag verteilt mit Apfelessig und Honig. Den übrigen Tee trinkt man ohne Apfelessig.

Wirkungsbereich
Der *Frauenmantel*, dieses hübsche Rosengewächs, ist ein „Schutzmantel" für Frauen. Seine antibiotische Wirkung, besonders auf die Unterleibsorgane von Frauen, wurde nachgewiesen. Frauenmantel hat sich bei Menstruationsbeschwerden und in den Wechseljahren bewährt. Außerdem hat er eine nervenberuhigende, krampflösende Wirkung. Die glitzernden Wassertropfen, die man oft auf den fächerförmigen Blättern des Frauenmantels sieht, sind keine Tautropfen. Die Blätter haben Wasserspalten und sondern ihren eigenen Saft ab. In diesem Saft hoffte man im Mittelalter, den Stein der Weisen zu finden, und in der Tat besitzt dieser Saft heilende Kräfte.

Der Frauenmantel ergänzt sich hervorragend mit der Weißen Taubnessel. Die blühende *Weiße Taubnessel* (und zwar die ganze Pflanze) hat eine entgiftende, entzündungshemmende und regulierende Wirkung, ganz besonders auf die Unterleibsorgane von Frauen. Daher ist ihre Verbindung mit dem Frauenmantel so vorteilhaft.

Ein Teilnehmer an einem meiner Heilpflanzenseminare berichtete, daß er seine ganze Kindheit hindurch eine kränkelnde Mutter hatte, die ständig beim Gynäkologen in Behandlung war. Sie hatte keine Beziehung zu Pflanzen, doch eines Tages fiel ihr ein Artikel über die Weiße Taubnessel in die Hände. Da sie wieder einmal sehr verzweifelt war und diese Pflanze gerade blühte, holte sie sich Taubnesseln und machte eine Kur mit den frischen Pflanzen. „Ich wollte es zuerst nicht glauben", berichtete

Weiße Taubnessel (Lamium album)

der Mann weiter, „aber meine Mutter blühte zusehends auf und hatte seitdem keine Beschwerden mehr." Die Mutter des jungen Mannes machte danach weiterhin jedes Jahr eine vorbeugende Taubnesselkur im Frühling und noch eine im Herbst, wenn diese Pflanze zum zweitenmal blüht.

Die *Weiße Taubnessel* hat aber noch andere wunderbare Eigenschaften. Sie kann bei Lymphgefäßentzündungen und Krampfadern sowie bei Nieren- und Blasenbeschwerden helfen.

Von den Pflanzen, die als Zusätze angegeben sind, können auch zwei andere Pflanzen ausgewählt werden, zum Beispiel Schafgarbe und Johanniskraut oder Hirtentäschel und Beifuß, die den Hauptanteil des Tees bilden. Weiße Taubnessel und Frauenmantel werden dann zu Zusätzen reduziert, die die Wirkung der ausgewählten Pflanzen unterstützen. Mit Hilfe eines solchen Wechsels kann man die Dauer einer Kur von drei bis vier Wochen auf sechs bis acht Wochen verlängern.

Vom *Gänseblümchen*, diesem bescheidenen Tausendschönchen, sind Blätter, Stengel und Blüten heilkräftig. Vor etwa 150 Jahren wollte man es ausrotten, weil man der Meinung war, es wirke abtreibend. Obwohl seine Wirkung nicht so kräftig ist, hat es bei Schwangerschaft keinen günstigen Einfluß. Nach einer Entbindung kann es jedoch sehr erfolgreich in homöopathischer Form angewendet werden.

Das *Johanniskraut* wurde von Paracelsus als Zauberkraut mit vielen Wunderkräften bezeichnet. Es beeinflußt das vegetative Nervensystem und vermag als „Lichtpflanze" seelische Verkrampfungen zu lösen.

Die *Schafgarbe*, diese in China als heilig verehrte Pflanze, steht unter den Arzneipflanzen für Frauen an der Spitze. Mit ihrem aromatischen Duft fördert sie die Harmonie von

Johanniskraut (Hypericum perforatum)

Yin und Yang und verbindet mit den Energien von Erde und Himmel. Auch den Germanen war die Schafgarbe heilig und sie schätzen ihre heilenden Kräfte. Heute hat sie als echtes Hausmittel medizinische Bestätigung gefunden. In einem Apfelessigtee kann es sehr von Vorteil sein, wenn Schafgarbe und Johanniskraut, zu gleichen Teilen gemischt, den Hauptanteil bilden, eventuell mit einem oder zwei ausgewählten Zusätzen.

Die *Ringelblume* bezeichnete Sebastian Kneipp als Heilpflanze ersten Ranges. In einem Apfelessigtee fördert die Gold-Sonnenblume, wie sie auch genannt wird, den Blutumlauf im Unterleib, beseitig Stauungen und ist hilfreich bei Drüsenverhärtungen. Die Ringelblume ist immer entzündungshemmend und heilungsfördernd.

Der *Beifuß*, diese uralte Zauberpflanze, die sogar Teufel und Dämonen vertrieben haben soll, ist nach der griechischen Göttin Artemis benannt. Artemis, die Geburtshelferin, soll mit dieser Heilpflanze Frauen von ihren Leiden befreit haben. Die ganze Pflanze, aber besonders die Wurzel, wurde seit der Antike wegen ihrer außergewöhnlichen Wirkung auf das Zentralnervensystem und den Blutkreislauf geschätzt und besonders bei Frauenleiden eingesetzt. Heute ist der Beifuß, unser überall wild wachsender Wermut, fast nur noch als Gewürz bekannt, das fette Speisen leichter verdaulich macht.

In vielen Teilen der Welt wachsen Mitglieder der großen Artemisia-Familie, und alle haben eine ähnliche Wirkung. In Indien, China und den USA schätzt man den Gemeinen Beifuß (Artemisia vulgaris) wegen seiner Wirkung auf das Knochenmark, die Nerven, den Kreislauf und die Verdauung. Auch spricht man ihm, innerlich und äußerlich angewandt, einen günstigen Einfluß bei Pilzerkrankungen zu. Der Apfelessig kann diese desinfizierende Wirkung wesentlich verstärken.

Beifuß kann eine große Bereicherung in einem Apfelessigtee sein, und zwar als Zusatz wie als Hauptanteil. Als Zusatz wird er nur aufgebrüht. Bildet er jedoch den Hauptanteil (mit Wurzeln), kann man ihn auch mit kaltem Wasser ansetzen, langsam erwärmen und einmal aufwallen lassen; die Wirkung ist dann stärker.

Borretsch, der „wohlgemute Herzensfreund", und Apfelessig lieben sich. Zusammen geben sie ein fröhliches Herz und verscheuchen jede Melancholie. Ganz so stark wie das Johanniskraut wirkt der Borretsch jedoch nicht, und auch auf einer anderen Ebene. Im alten Rom hieß es: „Ich, der Borretsch, bringe Freude." Freude drückt sich sicherlich für jeden Menschen ein bißchen anders aus, aber sicher ist, daß ein fröhliches Herz unsere körperliche und geistige Gesundheit beeinflußt. Apfelessig mit Borretsch ist bei Wechseljahresbeschwerden und Blutandrang zum Kopf sehr zu empfehlen. Außerdem wirkt er blutreinigend und entschlackend.

Das *Gänsefingerkraut* wurde im Volksmund Anti-Krampfkraut genannt. Sebastian Kneipp bezeichnete es als seine „Anserina", die er bei vielen Beschwerden verwendete, ganz besonders für kranke Kinder. Er empfahl jeder Mutter, im Sommer Gänsefingerkraut zu sammeln und zu trocknen, damit es, wenn nötig, immer zur Hand war. Die „Anserina" war früher eine echte Dorfpflanze und wurde gern von Gänsen gefressen. Sie kommt auch heute noch sehr häufig vor und bildet mit ihren Ausläufern ganze Beete.

Gänsefingerkraut bleibt vom Frühling bis in den Herbst hinein heilkräftig. Man kann es innerlich und äußerlich anwenden. Zur äußerlichen Anwendung legt man es in Essig oder Alkohol ein und kann es dann für Umschläge ebenso verwenden wie zum Einreiben der Glieder oder des Kopfes, zur Entkrampfung bei Kopfschmerzen und

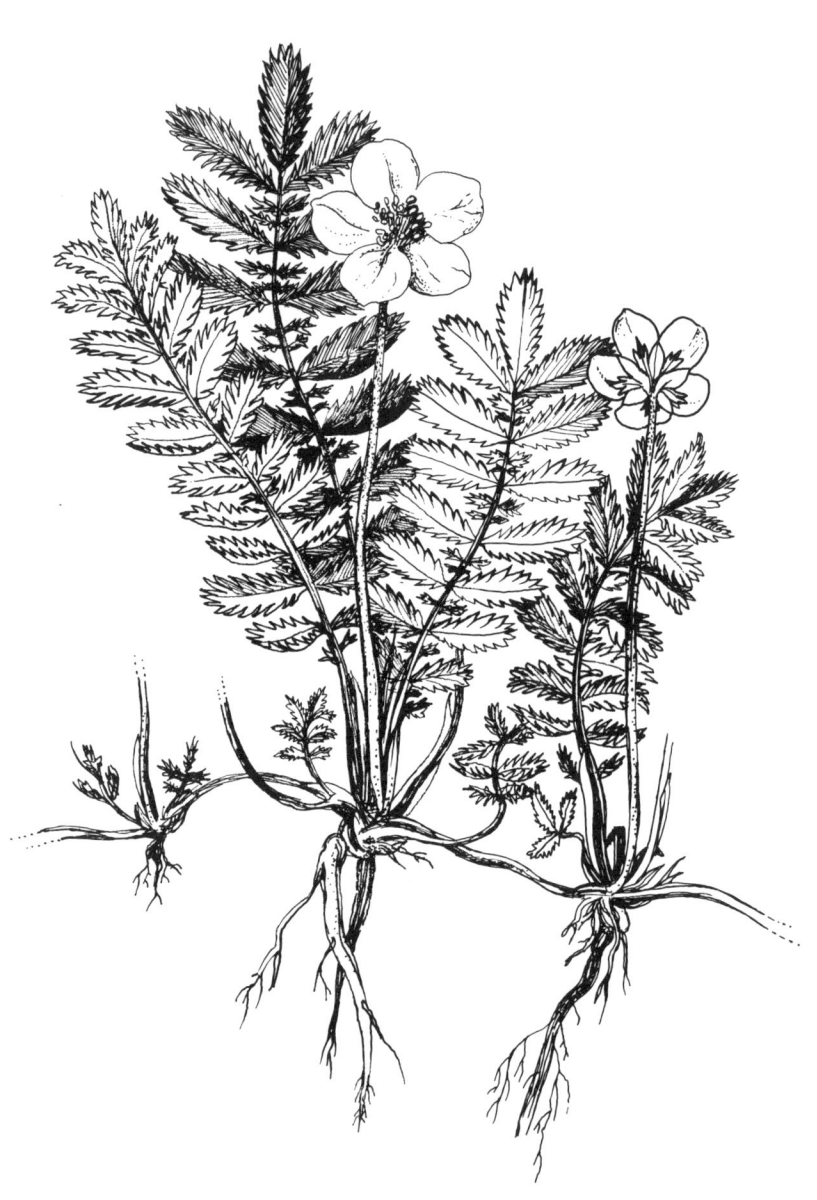

Gänsefingerkraut (Potentilla anserina)

Hirtentäschel (Capsella bursa-pastoris)

auch zur Anregung des Gehirns. Herz, Unterleib, Magen und Kreislauf werden von seinem hervorragenden Einfluß profitieren, wenn es innerlich angewendet wird.

Ein naturreiner Apfelessig mit Honig erweitert und verstärkt den Wirkungsbereich der „Anserina". Beide sind für eine kurmäßige Anwendung bestens geeignet. Während einer Kur kann eine Ganzkörpereinreibung mit Apfelessig, in dem das Gänsefingerkraut 14 Tage lang eingelegt war, die Wirkung noch wesentlich unterstützen. Auch das öftere Einreiben der Fußsohlen (nach langen Wanderungen, bei müden Füßen) ist sehr zu empfehlen.

Hirtentäschel gehört zu den wirkungsvollsten Heilpflanzen gegen alle inneren Blutungen, wobei selbstverständlich sein sollte, daß bei solchen Beschwerden ein Arzt aufgesucht werden muß.

Diese anspruchslose Sonnenkraut ist beinahe überall auf der Erde zu finden. Mit ihm in Symbiose lebt fast immer ein Schmarotzerpilz, Cytopus candidus. Man nimmt an, daß dieser Pilz die Heilkräfte des Hirtentäschel wesentlich verstärkt.

Am heilkräftigsten ist die frische Pflanze. Durch das Trocknen, auch wenn dies schonend geschieht, gehen wertvolle Inhaltsstoffe verloren. Deshalb wird die Pflanze sehr oft in Essig, Wein oder Öl eingelegt und, besonders in Verbindung mit Spitzwegerich, zu heilenden Salben verarbeitet.

Hirtentäschel bleibt, wie das Gänsefingerkraut, vom Frühling bis in den Herbst heilkräftig. Beide Pflanzen werden niemals giftig.

Die beste Sammelzeit ist natürlich, wenn die Tage lang und voller Licht und Sonne sind.

Hirtentäschel enthält viele aktive biologische Wirkstoffe und wirkt durch seinen Gehalt an Cholin stoffwechselanregend. Magen, Darm, Milz, Leber, Nieren und Blase werden sehr günstig davon beeinflußt.

Gundelrebe mit Apfelessig

Zutaten: ¹/₄ Liter Wasser
1 bis 2 Teelöffel Gundelrebe, getrocknet, oder
frisch die drei- bis vierfache Menge
2 Teelöffel naturreiner Apfelessig
1 Teelöffel Honig

Zusätze: Gänsefingerkraut
Schafgarbe
Gänseblümchen
Johanniskraut
Leinsamen
Ackerschachtelhalm

Zubereitung
Das zerkleinerte Gundelrebenkraut brüht man auf und
läßt es sieben bis zehn Minuten ziehen. Apfelessig und
Honig werden in der Tasse zugefügt. Wenn der Tee mit
Leinsamen oder Ackerschachtelhalm zubereitet werden
soll, muß die entsprechende Zubereitung und der Wirkungsbereich beachtet werden (siehe dort). Alle anderen
angegebenen Zutaten (ein oder zwei) werden mit der
Gundelrebe aufgebrüht.

Wirkungsbereich
Die *Gundelrebe*, auch Erdefeu genannt, gehörte zu den
Zauberpflanzen der Germanen, die ihr eine geheimnisvolle Macht und Heilkraft zusprachen. Mit diesem blau-
blühenden Kraut der guten Kräuterfee schützte man sich
vor Verhexungen. Es entzauberte und befreite von Krankheiten. Wenn man die hübsch geformten Blätter zerreibt
und damit die ätherischen Öle freisetzt, nimmt man eine
stark aromatische Ausstrahlung wahr, die nicht jeder

Gundelrebe (Glechoma hederacea)

Nase angenehm ist. Diese durchdringende, geheimnisvolle Ausstrahlung macht verständlich, warum die Gundelrebe „hexenwidrige" und sogar hellseherische Fähigkeiten wecken sollte.

In vielen Kulturen finden sich Aufzeichnungen über die Gundelrebe. In Asien zählt sie zu den ältesten Heilpflanzen. Man sagt, sie habe einen guten Einfluß auf alle Schleimhäute im Körper.

In Verbindung mit dem Apfelessig soll sie entschleimend wirken, ganz besonders bei Magenverschleimung, und außerdem wirkt sie stoffwechselanregend, abschwellend und wundheilend.

Von besonderer Bedeutung ist Apfelessig in Kombination mit Gundelrebe bei Hals-, Nasen-, Augen- und Ohrenbeschwerden.

Selbst bei Schwerhörigkeit soll eine vier- bis sechswöchige Kur helfen und auch bei Klingeln, Sausen oder Rauschen im Ohr (Tinnitus). Tinnitus ist ein Problem, unter dem heute viele Menschen leiden und das sehr schwer zu beeinflussen ist. Ein Versuch mit naturreinem Apfelessig und Gundelrebe lohnt sich auf jeden Fall. Eine sofortige Wirkung darf man allerdings nicht erwarten.

Die Gundelrebe gilt in Asien auch als Heilkraut für die Augen und soll sogar eine Wirkung bei Katarakt (Grauer Star) haben.

Apfelessig und Gundelrebe eignen sich zu einer kurmäßigen Anwendung von etwa vier Wochen.

Wiesenblütentee mit Apfelessig

Zutaten: ³/₄ bis 1 Liter Wasser
eine große Handvoll frische Wiesenblüten, getrocknete entsprechend weniger

Für einen Frühlingsblütentee nimmt man Huflattich-, Gänseblümchen-, Veilchen-, Gundelreben- und Löwenzahnblüten (nicht den bitteren Stengel mitverwenden); für einen Sommerblütentee Schafgarben-, Johanniskraut-, Quendel-, Bärwurz- und Stiefmütterchenblüten.
1 bis 2 Teelöffel naturreiner Apfelessig pro Tasse
Honig

Zusätze: ein kleines Stück Ingwer oder eine Spur Vanille, andere Gewürze nach Wahl

Zubereitung

Alle Frühlingsblüten werden aufgebrüht; nur das Veilchen (2 bis 3 Blüten genügen) und der Ingwer werden mit kaltem Wasser angesetzt und einmal aufgekocht. Mit diesem Wasser überbrüht man dann die anderen Blüten und läßt alles sieben bis zehn Minuten lang ziehen.

Die Sommerblüten werden ebenfalls nur aufgebrüht. Wenn aber Stiefmütterchen und Ingwer mitverwendet werden sollen, setzt man diese in kaltem Wasser an, läßt einmal aufkochen und überbrüht die anderen Blüten damit.

Vanille, Apfelessig und Honig werden dem Tee in der Tasse zugefügt.

Wirkungsbereich

Wiesenblütentee ist ein köstliches Getränk für Körper, Seele und Geist. Sicherlich wird niemand gleich die ersten Frühlingsboten pflücken wollen. Nach dem langen Winter erfreut ihr Anblick die Herzen aller Menschen. Wenig später, wenn es üppig überall grünt und sprießt und die Natur ihre Schätze überschwenglich vor uns ausbreitet, dürfen wir uns unseren Teil nehmen, und solange wir die Wurzeln unserer „Sonnenkräuter" nicht beschädigen, werden sie in ihrer Wachstumsfreude dadurch nur noch angeregt.

Unser Blütentee bekommt durch eine kleine Gabe Apfelessig, Honig und eventuell Ingwer sowie durch den Liebreiz unserer mexikanischen Königin Vanille ein gewisses beschwingtes Etwas.

Rote Kleeblüten und Gänsefingerkraut mit Apfelessig

Zutaten: ¹/₂ Liter Wasser
1 bis 2 Teelöffel Kleeblüten, getrocknet
1 bis 2 Teelöffel Gänsefingerkraut, getrocknet
Von den frischen Pflanzen nimmt man die drei- bis vierfache Menge.

Zusätze: 1 bis 2 Teelöffel naturreiner Apfelessig
Honig
Safran
eventuell Fenchel, Anis und andere Gewürze nach Wahl

Zubereitung
Die zerkleinerten Heilpflanzen werden mit kochendem Wasser aufgebrüht und sollen sieben bis zehn Minuten lang ziehen. Apfelessig und Honig werden dem Tee in der Tasse zugefügt.

Wirkungsbereich
Der rote Klee ist in Asien und bei den Indianern Nordamerikas sehr hoch angesehen. Diese hübsche Pflanze blüht auch bei uns auf fast allen Wiesen. Meistens geht man jedoch achtlos an ihr vorüber und erkennt sie nicht als heilbringende Pflanze. Sie gilt als nervenstärkend,

Wiesenklee, rotblühend (Trifolium pratense)

beruhigend, wundheilend und soll tumorhemmende, ins Gleichgewicht bringende Eigenschaften haben.

Außerdem hat sie eine milde blutreinigende Wirkung und ist auch für Kinder bestens geeignet, besonders bei Hautirritationen.

Das Gänsefingerkraut, unser Anti-Krampfkraut, verstärkt die krampflösenden Eigenschaften des Rotklees noch. Beide Pflanzen ergänzen sich ausgezeichnet.

Ein Zusatz von Fenchel oder Anis, im Wechsel mit Apfelessig, kann manchmal sehr vorteilhaft sein. Apfelessig und Fenchel oder Anis zusammen sind disharmonisch.

Dieser wohlschmeckende Tee beruhigt einen nervösen Magen. Damit er seine krampflösenden Eigenschaften entfalten kann, sollte der Tee unbedingt eine halbe Stunde vor einer Mahlzeit getrunken werden.

Heilkräftig sind nicht nur die Blüten des roten Klees, sondern auch seine Stengel und Blätter, aber wenn ich die Auswahl habe, bevorzuge ich die Blüten. Kleeblüten – im ganzen getrocknet – behalten ihre Farbe und Form und erinnern mitten im Winter an sommerliche Blumenwiesen. Rote Kleeblüten und Gänsefingerkraut eignen sich für eine Langzeitkur von sechs bis acht Wochen. Um einem Gewöhnungseffekt entgegenzuwirken, wechselt man zwischen dem Zusatz von Apfelessig und Honig oder Fenchel, Anis und anderen Gewürzen.

Man beginnt die Kur möglichst mit dem abnehmenden Mond.

Dieser heilkräftige Tee kann bei einer Langzeitanwendung einiges, was in unserem Körper aus der Balance geraten ist, wieder ins Gleichgewicht bringen, was auch eine seelische Umstellung zur Folge hat. Dies kann besonders durch die Zugabe von Safran bei zunehmendem Mond wesentlich gefördert werden.

Der Tee hilft aber auch bei plötzlichen akuten Beschwerden, wie Krämpfen durch Unterkühlung, Streß, Blähungen und dergleichen.

Weiße Kleeblüten und Spitzwegerich mit Apfelessig

Zutaten: 1/2 Liter Wasser
1 Eßlöffel weiße Kleeblüten
1 Eßlöffel Spitzwegerich, getrocknet, oder die drei- bis vierfache Menge der frischen Pflanze
1 bis 2 Teelöffel Apfelessig
Honig

Zusätze: Huflattich
Quendel
Holunderblüten
Süßholz und andere Gewürze nach Wahl

Zubereitung
Weiße Kleeblüten, Spitzwegerich und alle als Zusätze möglichen Pflanzen werden nur aufgebrüht. Süßholz muß einmal aufgekocht werden.

Wirkungsbereich
Weißer Klee ist bei den Indianern Nordamerikas und in Asien als Heilmittel bei allen Atemwegsbeschwerden bekannt.

Spitzwegerich, der eine ähnliche Wirkung hat, ergänzt sich sehr vorteilhaft mit dem weißen Klee. Diese Kombination ist für Kinder sehr gut geeignet und löst in der Regel keine Allergien aus. Die als Zusätze genannten Heilpflanzen haben alle einen ähnlichen Wirkungsbereich.

Spitzwegerich (Plantago lanceolata)

Ein Zusatz von Süßholz kann bei hartnäckigen Beschwerden Wunder wirken. Es hat einen Einfluß auf alle Gewebselemente und gehört in Asien zu den Verjüngungsmitteln. Süßholz kann aber die Kalzium- und Kaliumaufnahme beeinträchtigen. Bei drohender Osteoporose, aber auch bei zu hohem Blutdruck sollte man mit einer längeren Anwendung sehr vorsichtig sein.

Apfelessig und Honig können die wohltuende Wirkung dieses Tees bei Erkältungen, Husten und Heiserkeit sehr erfolgreich unterstützen.

Apfelessig eignet sich auch als Zusatz, wenn die Heilpflanzen, die hier als Zusätze angegeben sind, den Hauptanteil in einem Tee bilden.

Weißdornblüten und -blätter mit Apfelessig

Zutaten: ³/₄ Liter Wasser
3 Eßlöffel Weißdornblüten und -blätter, getrocknet, oder die drei- bis vierfache Menge, frisch
1 bis 2 Teelöffel naturreiner Apfelessig
Honig, kaltgepreßt

Zusätze: Johanniskrautblüten
Schafgarbenblüten
Rosenblüten
Ringelblumenblüten
Gänseblümchen
Gänsefingerkraut
Borretsch
Rosmarin
Gundelrebe
ein kleines Stück zerkleinerte Ingwerwurzel

Safran
Kurkuma
Wacholderbeeren
Kardamom
Nelken
Vanille
Muskatnuß

Zubereitung
Der Weißdorn wird frisch oder getrocknet aufgebrüht.
Von den Heilpflanzen, die als Zusätze angegeben wurden,
wählt man eine oder zwei aus und brüht einen halben bis
einen Teelöffel davon zusammen mit dem Weißdorn auf.
Diese Dosierung gilt nicht für Borretsch und Gänsefinger-
kraut. Gänsefingerkraut und/oder Borretsch können zu
gleichen Teilen mit dem Weißdorn gemischt und mit ihm
aufgebrüht werden. Apfelessig und Honig werden dem
Tee der Tasse zugefügt, ebenso wie Safran, Kurkuma,
Kardamom, Muskatnuß und Vanille (puverisiert). Ingwer,
Wacholderbeeren oder Koriander werden in kaltem Wasser angesetzt und zum Aufwallen gebracht. Mit diesem
Aufguß wird der Weißdorn anschließend überbrüht.

Wirkungsbereich
Weißdorn, dieser zauberhaft weiß bis zartrosa blühende
Strauch, ist ein Freund unseres Herzens. Deshalb versteht
er sich so wunderbar mit dem Borretsch, dem „wohlge-
muten Herzensfreund".
   Auch das Gänsefingerkraut mit seinen krampflösenden
Eigenschaften kann den Weißdorn in seiner Wirkung
unterstützen.
   Bei nervösen oder altersbedingten Herzbeschwerden,
Arterienverkalkung, Depressionen und sogar bei Schlaf-
störungen hat sich Weißdorntee mit Apfelessig oder

Weißdorn (Crataegus oxyacantha)

Apfelwein bewährt. Auf den Blutdruck soll er regulierend wirken, und zwar sowohl auf zu niedrigen als auch auf zu hohen Blutdruck. Eine Kur mit diesem Tee ist so besonders wirksam, weil sie gleichzeitig einen wohltuenden Einfluß auf die Nieren, die „Hüter unserer Gesundheit", ausübt. Eine möglichst vorbeugende, aber auch bei Störungen erfolgreiche kurmäßige Anwendung von Weißdorntee mit Apfelessig kann durch einen Wechsel der angegebenen Zusätze von sechs auf acht Wochen verlängert werden. Nach einer Pause von zwei bis drei Wochen, eventuell mit einem anderen Tee, kann man die Kur wiederholen. Alle aufgeführten Heilpflanzen und Gewürze unterstützen den Weißdorn in seinen unterschiedlichen Wirkungsbereichen auf der körperlichen und auf der subtilen Ebene. Dieser herz- und nierenfreundliche Tee, liebevoll abwechselnd mit Blüten, Gewürzen, Apfelessig und Honig zubereitet, erfreut Herz und Seele.

Essigmutter

Apfelessig kann man in sehr guter Qualität im Reformhaus kaufen. Man kann ihn aber auch problemlos selbst herstellen.

Meine Methode ist sehr einfach: Zu gleichen Teilen mische ich Apfelessig (Reformhaus) und frisch ausgepreßten Apfelsaft von einheimischen Äpfeln und schütte sie zusammen in einen alten Steintopf, den ich mit einem Porzellanteller abdecke. Je nach Temperatur braucht es einige Zeit, bis sich eine dünne Schleimschicht an der Oberfläche bildet, die manchmal wie Schimmel aussehen kann. Diese, allmählich dicker werdende, schleimige Masse, wird von gutartigen Bakterien gebildet. Es ist „Mutteressig", der zur schnellen Herstellung von Essig sehr hilfreich ist.

Die schleimige „Essigmutter" sieht nicht sehr appetitlich aus, ist aber von erstaunlicher Heilkraft. Zur einfachen Verwendung legt man sie in ein Gefäß und mischt sie mit der gleichen Menge Honig (damit wird sie haltbar gemacht und hat gleichzeitig Nahrung). Diese heilkräftige Mischung soll das Immunsystem stärken und wirkungsvoll bei Pilzinfektionen, Darmparasiten und Gelenkrheumatismus sein. Die Heilwirkungen der Essigmutter sind sicherlich individuell recht unterschiedlich; jeder muß eigene Erfahrungen damit machen.

Kräuter- oder Gewürzapfelessig

In der Regel setzt man Heilpflanzen und Gewürze 14 Tage lang in Apfelessig an. Dann dürfen sie abgefiltert werden, aber man kann auch noch 10 bis 14 Tage länger warten. Pflanzen mit einem sehr hohen Wassergehalt kann man einen bis zwei Tage vorher etwas trocken werden lassen. Getrocknete Kräuter dürfen nicht sehr alt sein. Mehr als drei Kräuter oder Gewürze sollten nicht ausgewählt werden.Kräuter- oder Gewürzapfelessig kann dem oben erwähnten Tee aus Weißdornblüten und -blättern statt reinem Apfelessig in der gleichen Menge (1 bis 2 Teelöffel) zugesetzt werden.

Apfelwein

In Maßen genossen kann ein guter Apfelwein eine wirkliche Medizin sein. Zu einer Mahlzeit getrunken, macht Apfelwein nicht müde, wie Bier es oft tut, sondern munter. Apfelwein reguliert den Stuhlgang, wirkt entgiftend und hilft dem Körper, Fette aufzuspalten und verdaulicher zu machen. Im Herbst und Winter ist er, als Glühwein mit Gewürzen und Honig getrunken, ein wärmender, anregender Muntermacher. In Verbindung mit Heilpflanzen und Gewürzen ist er durch eigene Einflußnahme wirksam und wirkt außerdem als Vermittler für die Wirkstoffe aus den Heilpflanzen und Gewürzen. Die gemeinsame Wirkung kann individuell recht unterschiedlich sein. Eine sorgfältige Auswahl und Zusammenstellung der Heilpflanzen und Gewürze sowie eine eigene Diagnose sind wichtig für den Erfolg. Was man erreichen möchte, sollte man schon wissen. Einige Fragen kann man sich sehr leicht stellen und beantworten, zum Beispiel: „Brauche ich eine Anregung oder etwas zur Beruhigung?" „Ist mein Blutdruck zu hoch oder zu niedrig?" „Wo liegen ganz allgemein meine Stärken oder Schwächen?"

Apfelwein kann ebensowenig wie Apfelessig ein Allheilmittel sein. Und daß man auch alles Gute nur in Maßen genießt, sollte selbstverständlich sein.

Apfelwein mit Weißdornblüten und -blättern

Zutaten: ³/₄ Liter naturreiner Apfelwein
3 Eßlöffel Weißdornblüten und -blätter, getrocknet
Am wertvollsten sind jedoch frische Blüten und Blätter. Davon nimmt man die drei- bis vierfache Menge.
Honig, kaltgeschleudert

Zusätze: frische, zerkleinerte Zitronenmelisse
frischer, zerkleinerter Borretsch, besonders die Blüten
Gänsefingerkraut

einige Veilchen- oder Gänseblümchenblüten
Löwenzahnblüten
rote Kleeblüten
Rosmarin
Von den ersten drei Heilpflanzen wählt man
eine aus, von den angegebenen Blüten nur
einige, von den folgenden Gewürzen eines
oder zwei.
Muskatnuß
2 bis 3 Nelken
eine Zimtstange
1 bis 2 Lorbeerblätter
ein Stück zerkleinerte, frische Ingwerwurzel
Baldrian
Kalmus
2 bis 3 Knoblauchzehen
eine Zwiebel

Zubereitung

Der Weißdorn wird mit dem Apfelwein übergossen und nach sechs bis acht Tagen abgefiltert. Den Honig gibt man in eine halbe Tasse Apfelwein und löst ihn auf, indem man die Tasse in ein Wasserbad stellt, das nur leicht erwärmt wird. Wenn er aufgelöst ist, gibt man den Apfelwein aus der Tasse zu dem übrigen Weißdorn-Apfelwein und schüttelt alles gut durch. Die angegebenen Heilpflanzen, von denen man die entsprechende Anzahl auswählt, kann man zu gleichen Teilen mit dem Weißdorn mischen, oder man fügt nur einen Teelöffel davon bei.

Baldrian und/oder Kalmus und eventuell Ingwer werden nur mit dem Weißdorn zusammen angesetzt.

Auch Knoblauch und Zwiebeln setzt man nur mit Weißdorn und Apfelwein und eventuell einem Gewürz an.

Wirkungsbereich

Weißdorn mit Apfelwein hat eine herzstärkende Wirkung, ähnlich wie Weißdorn mit Apfelessig (siehe Seite 196).

Die angegebenen Heilpflanzen und Gewürze können die Wirkung des Weißdorns verstärken, erweitern und auch ergänzen. Sie sollten sorgfältig ausgewählt werden.

Kardamom, Muskat, Zimt, Nelken und Rosmarin wirken unter anderem anregend, weswegen bei zu hohem Blutdruck Vorsicht angebracht ist.

Knoblauch hat eine Wirkung auf alle Gewebselemente. Er kann die Eigenschaften des Weißdorns ergänzen und ist auch bei hohem Blutdruck angebracht. Zwiebel und Koblauch unterstützen die blutdruckregulierende Wirkung des Weißdorns. Diese Mischung wirkt auch herzstärkend, hat einen sehr guten Einfluß auf Nieren und Blase und trägt ganz allgemein zur Stärkung der Abwehrkräfte bei.

Baldrian wirkt bei nervösen Herzbeschwerden beruhigend. Eine Kombination aus Weißdorn, Baldrian und Muskatnuß oder Zimt kann sich ebenfalls günstig auswirken. Ungewöhnlich, aber recht wirkungsvoll ist die Kombination Weißdorn, Baldrian, Kalmus und Ingwer, angesetzt mit Apfelwein. Kalmus gehört in Indien zu den Verjüngungsmitteln. Seine durchblutungsfördernden Eigenschaften für das Gehirn und das Nervensystem, die das Gedächtnis verbessern sollen, können in Verbindung mit Weißdorn, Ingwer und Baldrian auch herzwirksam sein.

Das Veilchen gehört zu den Salicylsäure-Pflanzen (wie Stiefmütterchen, Weidenrinde, Mädesüß u.a.). Dieses kleine Lieblingsblümchen vieler Menschen enthält Salicin, aus dem der Körper selbst Salicylsäure bildet.

Löwenzahnblüten werden ohne Stengel verwendet, denn dieser ist zwar heilkräftig, enthält aber Bitterstoffe.

Durch ihren günstigen Einfluß auf den Stoffwechsel tragen Löwenzahnblüten indirekt zur Herzwirksamkeit bei.

Blüten bringen Harmonie in den Weißdorn-Apfelessig und fördern seine revitalisierende Wirkung.

Ein bis zwei Eßlöffel Weißdorn-Apfelwein gibt man in eine Tasse Leinsamentee. Dieser Tee eignet sich am besten, aber auch Gänsefingerkraut-, Zitronenmelisse- oder Pfefferminztee ist gut geeignet.

Man kann auch drei- bis viermal am Tage einen Eßlöffel Weißdorn-Apfelwein einnehmen und anschließend eine Tasse Tee trinken.

Apfelwein mit Salbei

Zutaten: 1/2 Liter naturreiner Apfelwein
1 bis 2 Teelöffel getrocknete Salbeiblätter, zerkleinert,
besser aber 4 bis 5 Teelöffel frische Salbeiblätter, zerkleinert

Zusätze: Safran
Muskatnuß
Zimt

Zubereitung
Apfelwein und Salbei bringt man langsam zum Köcheln. Dann zählt man bis 30, nimmt den Topf von der Kochstelle, läßt den Apfelwein fünf bis sieben Minuten ziehen, seiht ihn ab und füllt ihn in eine Flasche. Diese Flasche sollte dunkel stehen. Wenn man ein Gewürz dazugeben möchte, wird dieses zusammen mit dem abgeseihten Wein in die Flasche gegeben.

Salbei (Salvia pratensis)

Wirkungsbereich

Mit Apfel-Salbeiwein habe ich selbst beste Erfahrungen gemacht. Dieses wohlschmeckende Elixier kann besonders bei Wechseljahrbeschwerden sehr hilfreich sein. Außerdem wirkt es reinigend und stärkend auf Leber und Nieren und beeinflußt alle Drüsen und somit auch das vegetative Nervensystem günstig.

Im Ayurveda wird Salbei als ein Heilmittel mit ganz besonderen Fähigkeiten geschätzt. Es kann dem Organismus helfen, sich von Substanzen zu befreien, indem diese in dafür geeignete Bahnen geleitet zur Ausscheidung gebracht werden.

Bei Hitzewallungen mit Schweißausbrüchen oder auch bei Nachtschweiß hemmt der Salbei die Ausscheidungen über die Haut nicht, sondern leitet sie auf anderen Wegen ab. Es besteht also keine Notwendigkeit für eine verstärkte Ausscheidung über die Haut mehr. Die Hauptwirkung dieser wunderbaren Heilpflanze soll vorwiegend auf dieser *einmaligen* Fähigkeit beruhen.

Im antiken Rom wurde der Salbei der Allesheilende genannt. Aus *salvus* (heil, wohlbehalten, geborgen) wurde *salvia*, die heilende Pflanze.

Auch im Mittelalter gehörte der Salbei zu den Universal-Heilpflanzen. In unserer Zeit ergaben wissenschaftliche Untersuchungen, daß der Allesheilende zu den wertvollsten Pflanzen gehört, die wir kennen. Die überlieferten Heilanzeigen konnten zum größten Teil als zutreffend nachgewiesen werden.

Diese Universal-Heilpflanze ist von reizarmem Charakter und hat eine starke antibakterielle Wirkung. Die ätherischen Öle des Salbei enthalten hochwirksame Entgiftungssubstanzen. Bei Erkältungen und Grippeerkrankungen hilft Apfelwein mit Salbei, Verschleimungen aus Magen, Bronchien und Hals zu lösen. Sein günstiger

Einfluß soll sich außerdem auf das Lymphsystem erstrecken.

Eine Überdosierung von Salbei (mehr als 15 Gramm täglich) ist zu vermeiden. In der Regel nimmt man für einen Salbeitee einen bis zwei Teelöffel getrockneten oder etwa die dreifache Menge frischen Salbei auf einen Viertelliter Wasser. Wenn man den Salbeitee mit Apfel-Salbeiwein zusammen einnehmen möchte, bereitet man den Tee entsprechend schwächer zu.

Eine Kur mit diesem Apfel-Salbeiwein, bei der man täglich drei- bis viermal einen Eßlöffel davon einnimmt, ist am vorteilhaftesten, wenn sie acht bis zehn Tage lang bei abnehmendem Mond durchgeführt wird. Die Einnahme ist bei Bedarf aber jederzeit ein paar Tage lang angebracht.

Meine Mutter hatte mehr als zwanzig Jahre lang, mal mehr, mal weniger, mit Hitzewallungen zu tun. Da sie keine weiteren Beschwerden hatte, nahm sie den Rat ihres Gynäkologen an, diese zwar nicht gerade angenehmen Wallungen zu begrüßen, da ihr Körper sich auf diese Art und Weise von gewissen Substanzen befreien würde. Zum Salbei hatte meine Mutter leider keinerlei Beziehungen und hegte für meine Lieblingspflanze auch keine Sympathien. Viele Jahre später, als sich bei mir die ersten Anzeichen von Hitzewallungen einstellten, wandte ich mich vertrauensvoll dem Apfel-Salbeiwein und auch dem Apfel-Knoblauchwein zu. Durch ganz leichte Anzeichen konnte ich oftmals spüren, wann eine Wiederholung der Kur notwendig wurde. Sie half jedesmal, sodaß ich ohne Schwierigkeiten durch die Wechseljahre segelte.

Salbei kann man problemlos selbst anbauen, und wenn Sie keinen Garten haben, darf diese wunderschöne Pflanze vielleicht Ihren Balkon schmücken. Sie hält übrigens Mücken fern.

Einst galt der Allesheilende als Zauberpflanze mit dämonenvertreibenden Eigenschaften. Die stark aromatische Ausstrahlung der ganzen Pflanze wurde zur Austreibung von Krankheitsdämonen genutzt.

Außergewöhnlich und interessant sind die hübschen, violetten Salbeiblüten. Sie sollen geheimnisvolle Farbschwingungen aussenden und als Liebeszauber wirken. Violettstrahlen haben eine polarisierende Wirkung und leiten Verwandlung und Umwandlung ein. Die Zauberfarbe Violett tut uns allen wohl. Sie strahlt Vertrauen, Geborgenheit, ja, Liebe aus.

Der höchste Grad der Arznei ist die Liebe.

Paracelsus

Apfelwein und Apfelessig mit Salbeiblüten

Zutaten: eine Handvoll Salbeiblüten und
ein paar Salbeiblätter
$^1/_4$ Liter Apfelwein
$^1/_4$ Liter Apfelessig
1 bis 2 Eßlöffel Honig, kaltgeschleudert

Zubereitung
In dem leicht angewärmten Apfelwein löst man den Honig auf, gibt den Essig dazu und dann die Salbeiblüten und -blätter. Das ganze läßt man 14 bis 21 Tage lang stehen und filtert es dann durch ein Tuch ab.

Davon nimmt man einen bis zwei Eßlöffel auf eine Tasse Heilkräutertee oder heißes (abgekochtes oder am besten destilliertes) Wasser.

Wirkungsbereich

Dieses Elixier hat vielfältige Wirkungen (siehe auch *Apfelwein mit Salbei*). In einem Heilkräutertee, zum Beispiel aus Gänsefingerkraut oder roten Kleeblüten, ist er ein Mittel gegen Kopfschmerzen und wirkt außerdem nervenberuhigend.

In der Farbe seiner Blüten offenbart Salbei, der Allesheilende, seinen geheimnisvollen Zauber, der Herz und Seele anspricht.

Apfel-Knoblauchwein

Zutaten: ¹/₄ Liter naturreiner Apfelwein
etwa 4 Knoblauchzehen, zerkleinert

Zusätze: Nelken
Zimtstange
Honig

Zubereitung

Der Apfelwein wird zusammen mit dem Knoblauch langsam erwärmt und zum Aufwallen gebracht. Dann zählt man bis 30 und nimmt ihn von der Kochstelle. Wenn man Nelken oder Zimstange zusetzen möchte, setzt man diese mit dem Knoblauch und dem Wein zusammen an. Dann läßt man alles etwa eine Stunde lang gut durchziehen und filtert ab. Den Honig löst man in der noch warmen Flüssigkeit auf. Von der fertig zubereiteten Flüssigkeit trinkt man jeweils einen bis zwei Teelöffel in einem Heilkräutertee oder in heißem Wasser.

Wirkungsbereich
Mit diesem Apfel-Knoblauchwein habe ich selbst beste Erfahrungen gemacht. Er hilft gegen Wechseljahresbeschwerden und Hitzewallungen und eignet sich hervorragend zur allgemeinen Stärkung der Abwehrkräfte.

Apfelwein mit Echter Waldgoldrute

Zutaten: ³/₄ Liter Apfelwein
eine Handvoll Echte Waldgoldrute, die ganze blühende Pflanze, zerkleinert
ein Lorbeerblatt
Honig

Zusätze: 1 Teelöffel Wacholderbeeren (nicht bei Entzündungen oder Nierenbeschwerden)

Zubereitung
Den Apfelwein setzt man mit der Echten Waldgoldrute, dem Lorbeerblatt und eventuell den Wacholderbeeren zwei bis drei Wochen lang an. Dann wird er durch ein Tuch abgefiltert. Der Honig wird im warmen Wasserbad aufgelöst und zu dem Wein geben.

Wirkungsbereich
Dieser wunderbare Wein hat eine regenerierende Wirkung auf die Nieren. Indem wir diese „Hüter unserer Gesundheit" funktionstüchtig erhalten, pflegen und schützen wir unsere Gesundheit in ihrer Gesamtheit, denn die Nieren haben mit allen Störungen im Körper zu tun oder werden davon in Mitleidenschaft gezogen. Ein bis zwei Eßlöffel von diesem Wein, in einem Heilkräutertee, in Leinsamentee, aber auch in heißem Wasser oder aus einem Likörglas

Echte Waldgoldrute (Soligago virgaura)

schlückchenweise getrunken, wirken ausgesprochen wohltuend.

Grundsätzlich sollten für Zubereitungen mit Heilpflanzen keine Metalltöpfe verwendet werden. Dies gilt ganz besonders für Zubereitungen mit Wein und Essig. Ich halte für diesen Zweck immer Töpfe aus Emaille und Glas bereit.

HAGEBUTTEN – die vitaminreichen Früchte der wilden Rose

Hagebutten sind die Früchte der wildwachsenden Heckenrose (Rosa dumentorum) und der Hundsrose (Rosa canina), die rosa und weiß blühen. Seit alters her wurden die ganzen Früchte mit den Kernen zu Heilzwecken genutzt, was angesichts ihres Reichtums an aktiven biologischen Wirkstoffen nicht verwunderlich ist. Eine Hagebutte enthält zehnmal soviel Vitamin C wie eine Zitrone, außerdem Karotin, Pektin, Gerbstoffe, Zucker, Vitamin A, B1, B2 und viele andere wertvolle Inhaltsstoffe.

Auch der Kalziumgehalt der Hagebutten ist bedeutend. 50 Gramm Hagebutten enthalten 125 Milligramm Kalzium. Ein Tofubratling von 50 Gramm enthält auch nicht viel mehr als 135 Milligramm Kalzium. Natürlich reichen Hagebutten als Kalziumquelle nicht aus, um den Tagesbedarf eines Erwachsenen (800 Milligramm Kalzium) zu decken, aber im Herbst und Winter können sie eine zeitlang mit zur Kalziumversorgung beitragen.

Wußten Sie, daß ein wildwachsender Rosenstrauch über 400 Jahre alt werden kann? Er kann auf ganz mageren Böden wachsen, aber er liebt besonders kalk- und eisenhaltige Erde. Seine Früchte enthalten dann zusätzlich das Spurenelement Eisen, das im Verbund mit den anderen Wirkstoffen besonders gut vom Körper verwertet werden kann.

Hagebutten-Apfel-Ingwertee

Zutaten: Wasser
unzerkleinerte, frische oder getrocknete
Hagebutten
ein Stück frische, zerkleinerte Ingwerwurzel
Äpfel (vom Heimatboden), zerkleinert mit
Schale und Kerngehäuse

Hagebutten dürfen großzügig dosiert werden. Wenn ich viele habe, bereite ich einen kräftigen Früchtetee zu; bei weniger erhöhe ich den Anteil von Äpfeln, Ingwer oder Kürbiskernen.

Als Zusätze eignen sich:
Leinsamen, ungeschrotet
Schachtelhalm, getrocknet oder frisch
Honig, kalt geschleudert
Kürbiskerne, frisch

Zubereitung
Die Hagebutten dürfen erst unmittelbar vor der Zubereitung zerkleinert werden, damit keine wervollen Inhaltsstoffe verlorengehen. Danach werden sie sofort mit kaltem Wasser übergossen und langsam zum Kochen gebracht. Zugedeckt läßt man sie zehn Minuten leicht kochen.

Sollen Leinsamen oder getrockneter Schachtelhalm zugesetzt werden, setzt man diese zusammen mit den Hagebutten in kaltem Wasser an und kocht alles zusammen zehn Minuten. Vom Schachtelhalm nimmt man einen Eßlöffel auf einen Liter Wasser.

Frischer Schachtelhalm (etwa die dreifache Menge) wird dem fertig gekochten Hagebuttentee nach dem

Kochprozeß hinzugefügt; nicht mitkochen lassen. Ingwer, Äpfel und Kürbiskerne werden dem Tee am Ende der Kochzeit zugegeben, und man läßt alles zusammen noch einmal aufwallen. Etwa zehn Minuten ziehen lassen. Den Honig gibt man dem abgekühlten Tee erst in der Tasse zu.

Bei einer anderen Zubereitungsart setzt man die zerkleinerten Hagebutten mit kaltem Wasser an und läßt sie zugedeckt einige Stunden (über Nacht) stehen, dann wird das Ganze erwärmt und einmal aufgekocht. Wird der Tee mit Ingwer, Apfel oder Kürbiskernen zubereitet, so gibt man diese zu den eingeweichten Hagebutten in das kalte Wasser und läßt alles zusammen einmal aufkochen.

Wirkungsbereich

Dieses köstliche Getränk vermag den Stoffwechsel anzuregen und wirkt regulierend bei Durchfall und Verstopfung. Seit uralten Zeiten wurde es auch bei Rheuma, Gicht, zur Blutreinigung und Entgiftung sowie bei Erkältungen und um die Abwehrkräfte zu stärken eingesetzt. Kürbiskerne und Schachtelhalm verstärken den Einfluß auf Nieren und Blase und wirken der Steinbildung entgegen.

Äpfel tragen nicht nur zum köstlichen Geschmack dieses Tees bei; die wertvollen Inhaltsstoffe von Äpfeln und Hagebutten ergänzen sich auch in wundervoller Weise.

Die Kombination Hagebutten/Ingwer bevorzuge ich vom Geschmack her. Außerdem erweitert Ingwer, der „König der Gewürze", den Wirkungsbereich der Hagebutten um ein Vielfaches.

Mit diesem wohlschmeckenden Früchtetee kann man eine vier- bis sechswöchige Kur machen, und zwar am besten im Herbst und Winter, vielleicht auch noch zu Beginn des Frühlings. Danach verlangt unser Körper mit zunehmender Wärme nach einem Wechsel in Kleidung, Nahrungsmitteln und Getränken. Was in der kalten Jahreszeit von unschätzbarem Wert ist, wird mit der treibenden, alles erneuernden Kraft des Frühlings wirkungslos. Jetzt ist der Körper auf mit Chlorophyll und Magnesium angefülltes Grünes und Blühendes gegen die Frühjahrsmüdigkeit eingestellt.

Eine Mutter, die mit ihren beiden Kindern vor über zwei Jahren an einer Heilpflanzenwanderung teilgenommen hatte, schrieb mir einen Gruß:

„Seit der Wanderung mit Ihnen durch Wald und Flur, hat sich unser Blick für die Schönheiten der Natur und ihre heilenden Kräfte geöffnet. Hagebutten-Apfeltee ist ein Lieblingsgetränk meiner Kinder geworden; auch vom Apfeltee sind sie ganz begeistert, und sogar Kürbiskerntee verachten sie nicht. Die Hagebutten werden mit viel Freude und Spaß von uns allen gepflückt. Wir haben Rosensträucher entdeckt, die wir vorher gar nicht gesehen hatten. Aber auch Brennesseln und andere Kräuter am Wegesrand werden von meinen Kindern mit liebevollen Augen betrachtet und sind nie wieder als lästige Unkräuter „zertrampelt" worden.

Sie lieben sogar Brennesseltee, den ich manchmal mit Ingwer zubereite. Wenn ich solch einen Tee aus frischen, von uns selbst gesammelten Kräutern zubereite, ist es immer ein aufregendes Erlebnis. Wir haben keinen Garten. Von all unseren Ausflügen bringen wir Schätze mit nach Hause. An Straßenrändern, in Hundeauslaufgebieten und wo industrialisierte Landwirtschaft betrieben wird, sammeln wir natürlich nicht. Schon lange haben wir uns vorgenommen, wieder einmal an einer Heilpflanzenwanderung teilzunehmen, denn wir würden so gern unser Wissen über die Heilkräfte in Wald und Flur erweitern.

Ganz deutlich konnte ich feststellen, daß meine Kinder, die sehr anfällig für Erkältungen waren und mich immer mitansteckten, viel widerstandfähiger geworden sind und wir uns alle bester Gesundheit erfreuen."

Über diesen Brief habe ich mich besonders gefreut!

In Wald und Flur, auf Berg und Auen wächst der Menschen Nahrung, Gesundheit und Glück.

Paracelsus

KAKAOSCHALEN – ein Genuß ohne Reue

Schon die Mayas wußten den Kakaobaum zu schätzen. Die melonenförmigen, gefurchten Früchte dieses tropischen Baumes sind kurzgestielt und hängen oft direkt am Stamm oder von den starken Ästen des Baumes herab. Aus den in einer Kapsel und Fruchtfleisch eingebetteten Samen des Baumes (Kakaobohnen) stellten die Mayas ein bitteres Getränk her, das sie *cacahuatl* (Speise der Götter) nannten. Die Spanier fügten diesem Maya-Getränk Zucker zu, tranken es heiß und nannten es *Chocolat*.

Kakaobohnen sind nahrhaft und in Maßen genossen sicherlich auch nicht schädlich. Sie enthalten aber außer Inhaltsstoffen wie festes Fett (40 bis 60 Prozent), Stärke (15 Prozent), Proteine (15 Prozent), Zucker (2,5 Prozent) Spuren von Theobroma und Koffein und das Alkaloid Xanthin.

Xanthin wirkt austrocknend, was sich individuell unterschiedlich auswirkt, aber auch ernste Störungen hervorrufen kann. Xanthin kann einen ungünstigen Einfluß auf die Haut haben und beispielsweise zu Schuppen führen. Es kann aber auch die Gelenkflüssigkeiten und dergleichen beinträchtigen, je nachdem, wo die Schwachstellen des einzelnen liegen. Im Scherz sagt man, daß ein übermäßiger Genuß von Schokolade nicht nur schwerfällig macht, sondern auch das Gehirn austrocknet.

Xanthin ist zwar auch in Kaffee und Schwarzem Tee vorhanden, sogar in noch größerer Menge als im Kakao, aber dort ist es für den Organismus leichter unschädlich zu machen. Der Abbau von Xanthin kann für den Organismus zu einem echten Problem werden, wenn ihm

Schokolade (mit Zucker vermischter Kakao) gewohnheitsmäßig und in zu großen Mengen zugeführt wird.

Im Gegensatz zu den Kakaobohnen enthalten Kakaoschalen kein austrocknendes Xanthin, wohl aber Spuren
von Theobroma, das im Verbund mit anderen wertvollen
Inhaltsstoffen einen günstigen und heilkräftigen Einfluß auf
das Nervensystem und die Nieren haben soll. Kakaoschalen
haben ein feines Aroma, und beim Kauf sollte man darauf
achten, daß sie wohlriechend und nicht etwa sauer sind. In
sehr guter Qualität bekommt man sie im Reformhaus.

Kakaoschalentee mit Gewürzen

Zutaten: ¹/₂ Liter Wasser
2 Eßlöffel Kakaoschalen

Geeignete Zusätze:
1 Eßlöffel Leinsamen
gereinigte und zerdrückte Eierschalen
Schlagsahne
1 Teelöffel Kakaopulver
Kaffee
ein Stück Schokolade
Honig
Kardamom
Nelken
Vanille
Wacholderbeeren
Zimt

Zubereitung
Man setzt die Kakaoschalen in kaltem Wasser an und läßt
sie 10 bis 15 Minuten lang leicht kochen. Um das Aroma

noch zu verbessern, kann man die Kakaoschalen vorher eine Zeitlang einweichen. Das muß aber nicht unbedingt sein.

Wenn Leinsamen und Eierschalen zugegeben werden sollen, setzt man diese mit dem Tee kalt an und läßt alles zusammen kochen.

Sehr gern bereite ich Kakaoschalentee mit Gewürzen zu, die ihm mit ihrem Duft und Geschmack immer wieder eine unterschiedliche Note geben. Eine Zimtstange, ein bis zwei Gewürznelken oder zerstoßene Kardamomkapseln oder etwas Vanilleschote werden dem Tee am Ende der Kochzeit hinzugefügt; nicht weiter kochen lassen. Nach etwa zehn Minuten wird abgeseiht.

Werden diese Gewürze pulverisiert verwendet, setzt man sie dem heißen Tee zu. Sehr gern würze ich meinen Tee erst in der Tasse, ganz besonders mit Kardamom oder Vanille. Kakao oder Schokolade dürfen in dem Tee einige Minuten mitkochen. Kaffee wird erst nach dem Kochprozeß hinzugefügt. Mit einem Sahnehäubchen sieht dieser Tee nicht nur köstlich aus, er schmeckt auch köstlich.

Wirkungsbereich

Diese anregende Köstlichkeit, liebevoll zubereitet und serviert, sorgt für eine gemütliche Atmosphäre. Der Kakaoschalentee kann uns helfen, wenn wir von Kaffee oder Schwarzem Tee Abstand nehmen wollen oder vielleicht sogar müssen. Er hat eine anregende Wirkung (ohne aufzuregen, wie es oft bei Schwarzem Tee oder Kaffee der Fall ist), die als sehr angenehm empfunden wird. Die Gewürze und ihre geheimnisvolle Ausstrahlung kommen in einem Kakaoschalentee sehr eindrucksvoll zur Geltung. Dieses Getränk ist nicht nur wohltuend und köstlich, sondern auch sehr gesund. Es hat einen positiven Einfluß auf Nieren und Blase und ganz besonders auf die

Bauchspeicheldrüse. Diese so wichtige Drüse wird dankbar reagieren, wenn sie, statt ständig durch den Genuß von starkem Kaffee oder Schwarzem Tee gereizt zu werden, einmal wohltuend liebevoll gestreichelt wird. Sie ist ihren vielfältigen Aufgaben dann bestimmt besser gewachsen.

Die ausgewählten Gewürze können diese wundervolle Wirkung noch steigern. Ihre zarten Anregungen geben Impulse, erzeugen im Körper Potenzen und beeinflussen energetisierend unser Gemüt und damit unser Wohlbefinden. Niemals sollten zu viele Zusätze ausgewählt werden. Die Gewürze sollten stets fein dosiert und harmonisch zusammengestellt sein, damit sie ihren geheimnisvollen Zauber bestens entfalten können. Neben dem Liebreiz der Vanille braucht es beispielsweise kein weiteres Gewürz, außer vielleicht einem Löffelchen Honig.

Der Leinsamen gibt dem Tee eine sämige Konsistenz und hat einen guten Einfluß auf alle Schleimhäute.

Zerdrückte Wacholderbeeren verstärken den Einfluß auf Niere und Blase (nicht bei einer akuten Entzündung verwenden) und haben zusätzlich eine blutreinigende Wirkung.

Die Eierschalen (nicht von Hühnern aus der Batterie) enthalten wertvolle Mineralien, besonders Kalzium, und geben diese in die Flüssigkeit ab. Diese Mineralstoffe können vom Körper gut aufgenommen werden, wenn der Tee mit Leinsamen und ausgewählten Gewürzen zubereitet wird.

Kaffee, Kakao oder Schokolade als Zusatz erhöhen nicht gerade den gesundheitlichen Wert unserer Köstlichkeit, aber hin und wieder braucht unsere Seele (oder nur unsere Zunge?) eine kleine Verwöhnung.

KÜRBIS – eine Gesundheitsdruse

Der Herbst schenkt uns so viele Köstlichkeiten: Farben-
zauber in Wald und Flur, klare würzige, nach Laub und
Erde duftende Luft und eine üppige Vielfalt an Früchten.

Mein ausgesprochener Liebling ist der Kürbis, der
goldgelbe Elefant unter den Früchten. Aus dem Kürbis
lassen sich nicht nur verschiedene Delikatessen zaubern,
sondern alle Teile dieser Gesundheitsdruse sind auch heilkräftig. In der Mitte durchgeschnitten, gibt sie ihr geheimnisvoll anmutendes Inneres frei. Kunstvoll eingebettet liegen hier die vielen Kerne, die so wertvoll zur Erhaltung
unserer Gesundheit beitragen.

Der Kürbis genießt in vielen Kulturkreisen unserer
Erde ein sehr hohes Ansehen. Die Indianer Nordamerikas
begrüßten den Kürbis im Herbst als eine kostbare Gabe
der Natur. Er wurde gebacken, gekocht und roh gegessen.
Aus seinen Kernen bereiteten sie einen heilkräftigen,
wohlschmeckenden Tee, der einen guten Einfluß auf Nieren und Blase haben sollte. Besonders Frauen, die leicht
zu Blasenentzündungen neigen, wurde dieser Tee wärmstens empfohlen. Sie schätzten den Kürbis aber auch, weil
sie ihm eine fäulnisverhindernde Wirkung im Darm zu-
schrieben. Liebevoll bezeichnete man den goldgelben
Riesen und seinen kleinen gelben Verwandten (Yellow
Squash) als Nicht-Eingewanderte, als Eingeborene, die
ihre Wurzeln im gleichen Heimatboden hatten.

Das Wissen um den geheimnisvollen Einfluß des Kürbis
auf unser Wohlbefinden und damit auf die Erhaltung unserer Gesundheit ist bei den heutigen Amerikanern leider

weitgehend verloren gegangen, ebenso wie bei uns. Dennoch hat der Kürbis in den USA eine lange Tradition, und man liebt und schätzt ihn noch heute. Ein Halloween-Day (31. Oktober) wäre unvollständig ohne einen ausgehöhlten Kürbis mit einem mehr oder weniger freundlichen Gesicht und einer Kerze, die ihn von innen her beleuchtet. Auch beim Thanksgiving- oder Weihnachtsmahl darf ein Pumpkin Pie (Kürbisauflauf) oder Pumpkin Cake (Kürbiskuchen) nicht fehlen.

In Asien ist der Kürbis ebenfalls nicht unbekannt. Hier wird Indien als seine Heimat angesehen. Während meines Aufenthalts in Nordindien erfuhr ich zu meinem Erstaunen, daß man den Kürbis, aber auch alle kürbisartigen Gemüsesorten, besonders Menschen in der zweiten Lebenshälfte empfahl, einmal, um sich gesund und leistungsfähig zu erhalten, aber auch gegen vielerlei Beschwerden. Alle Teile des Kürbis sollen einen positiven Einfluß auf die inneren Drüsen, den Stoffwechsel und die Wasserausscheidung haben.

Besonders aber sagt man der großen, goldgelben Gesundheitsdruse regenerierende, vitalisierende und kraftspendende Wirkungen nach. Ein Tee aus frischen Kürbiskernen zählt zu den heilkräftigsten Getränken im Herbst und in der beginnenden Winterzeit.

Verwunderlich sind diese Erfahrungen der Völker mit dem Kürbis nicht, denn durch wissenschaftliche Analysen konnten wertvolle Inhaltsstoffe wie Vitamine und Mineralstoffe, Eiweiß, Zucker, fettes Öl, Salicylsäure, Zink und andere nachgewiesen werden. Die Wirkung des Kürbis beruht aber nicht nur auf den Eigenschaften einzelner Wirkstoffe. Alle Inhaltsstoffe und auch die noch unbekannten Begleitstoffe sind daran beteiligt.

Alle kürbisartigen Gemüsesorten brauchen würzige Zutaten, und ganz besonders liebevoll möchte der goldgelbe

Elefant gewürzt werden. Das Geheimnis seiner Wirkung und seines Wohlgeschmacks (und dies gilt ganz besonders für Tee aus den frischen Kernen) beruht auf stimulierenden, nicht etwa reizenden, Gewürz- und Kräuterzusätzen und auf einer einfachen Zubereitung.

Kürbiskerntee

Zutaten: ½ Liter Wasser
1 bis 3 Eßlöffel Kürbiskerne

Geeignete Zusätze:
Ackerschachtelhalm
Anis
Apfel
Borretsch
Brennessel
Echte Waldgoldrute
Erdbeerblätter
Fenchel
Gänseblümchen
Gänsefingerkraut
Hagebutten
Honig
Ingwer
Johanniskraut
Kardamom
Kleinblütiges Weidenröschen
Koriander
Kurkuma
Leinsamen (ungeschrotet)
Lorbeeren oder Lorbeerblätter
Mädesüß

Nelken
Pfeffer
Pfefferminze und alle anderen Minzesorten
Rainfarn
Safran
Wacholderbeeren
Zimt
Zitronenmelisse
Zitronensaft

Zubereitung
Die frischen Kürbiskerne werden ganz oder zerkleinert mit kaltem Wasser angesetzt, langsam erwärmt und einmal aufgekocht. Die Kürbiskerne dürfen großzügig dosiert werden. Wenn der Tee jedoch mit bestimmten Zusätzen hergestellt wird, nimmt man weniger Kerne. Das gilt besonders für Hagebutten, Leinsamen oder Äpfel. Wird mit Gewürzen kombiniert, dürfen mehr Kürbiskerne genommen werden.

Von den Zusätzen sollten niemals mehr als zwei Heilpflanzen/Früchte und zwei Gewürze ausgewählt werden. Dabei sind folgende Regeln der Zubereitung zu beachten:

Zitronensaft, Honig, Safran, Kardamom oder Kurkuma und Pfeffer werden dem Tee in der Tasse hinzugefügt.

Echte Waldgoldrute, Mädesüß, Ingwer, Zimtstange, Äpfel, Gewürznelken, Koriander, Wacholderbeeren, Lorbeeren oder Lorbeerblätter werden mit den Kernen kalt angesetzt und zum Aufwallen gebracht.

Fenchel, Anis, Rainfarn, Gänseblümchen, Gänsefingerkraut, Johanniskraut, Erdbeerblätter, Brennessel, Pfefferminze, alle Minzesorten, Zitronenmelisse, Borretsch und Kleinblütiges Weidenröschen werden dem Tee nach dem Kochprozeß zugefügt; diese Kräuter sollen den Tee nicht dominieren.

Schachtelhalm, Leinsamen (ungeschrotet) und Hagebutten (vor der Zubereitung zerkleinert) müssen zehn Minuten lang kochen, bevor man die Kürbiskerne hinzufügt und alles zusammen einmal aufwallen läßt.

Aus dieser Aufstellung geht klar hervor, warum man die Heilpflanzen und Gewürze, die man dem Tee zusetzen möchte, nicht schon vor der Zubereitung mischen darf. Um eine optimale Wirkung zu erzielen, müssen die Eigenschaften der einzelnen Zutaten genauestens berücksichtigt werden, sonst wird der Tee die in ihn gesetzten Erwartungen nicht erfüllen können.

In unserer Kultur werden im Umgang mit Heilpflanzen und Gewürzen sehr oft große Fehler gemacht. Mehrmals wurde mir in Indien gesagt, daß man die wissenschaftlichen Methoden der westlichen Welt, die Inhaltsstoffe einer Heilpflanze nachzuweisen und damit ihren Wirkungsbereich zu bestimmen, sehr zu schätzen weiß. Doch leider läßt der praktische Umgang mit Heilpflanzen und Gewürzen sehr zu wünschen übrig. Eine Teilnehmerin an einem meiner Seminare, die ernste gesundheitliche Probleme hatte, wollte wissen, ob die Teekur, die sie mit Wissen ihres Arztes begonnen hatte, um seine Therapie zu unterstützen, und die ihr von einem Experten empfohlen und zusammengestellt worden war, die gewünschte Wirkung bringen könne.

Die Teemischung enthielt zu gleichen Teilen Schachtelhalm, Hagebutten und Echte Waldgoldrute. Der Tee sollte aufgebrüht werden und zehn Minuten ziehen. Diese sehr heilkräftige Kombination hätte die gewünschten hohen Erwartungen erfüllen können, wenn man diese drei wertvollen Heilpflanzen nicht schon vor der Zubereitung gemischt hätte. Schachtelhalm und Hagebutten werden zwar beide mit kaltem Wasser angesetzt und zehn Minuten lang gekocht, aber die Hagebutten sollten erst unmittelbar vor der Zubereitung zerkleinert werden, sie verlieren sonst einen großen Teil ihrer Inhaltsstoffe, außerdem geben sie ohne einen Kochprozeß oder vorheriges Einweichen und kurzes Aufkochen ihre Inhaltsstoffe nicht an das Wasser ab. Die Echte Waldgoldrute, eine besonders wertvolle Heilpflanze, muß einmal aufgekocht, nicht aber zehn Minuten gekocht oder nur aufgebrüht werden. Diese drei heilkräftigen Pflanzen, die sich in ihren wertvollen Inhaltsstoffen hervorragend ergänzen und verstärken, sollten niemals vor der Zubereitung gemischt, sondern erst während der Zubereitung vereint werden.

Das würde dann so aussehen: Die Hagebutten werden zerkleinert, bevor man sie mit dem Schachtelhalm ansetzt; beide läßt man zehn Minuten lang zugedeckt leicht kochen, und am Ende des Kochprozesses wird die Echte Waldgoldrute dazugegeben. Alles zusammen läßt man kurz aufwallen, nicht weiter kochen, und sieben bis zehn Minuten lang ziehen.

Es ist wichtig, daß die Heilpflanzen nicht überaltert sind. Dieser heilkräftige, wohlschmeckende Tee wird höchste Erwartungen erfüllen können, wenn die Eigenschaften der Pflanzen sorgfältig beachtet werden.

Je weniger gemischt wird, desto besser lassen sich die Eigenschaften der einzelnen Heilpflanzen berücksichtigen und desto genauer kann man ihre gemeinsame Wirkung bestimmen.

Kürbiskerntee ist in der Saison, solange der Kürbis frisch zu haben ist (in einem kühlen Raum habe ich einen Kürbis schon bis Mitte Januar frisch halten können).

ROSINENWEIN – Nektar der Götter

Rosinen sind getrocknete Weintrauben, genau wie Sultaninen und Korinthen. Weintrauben, die zu Rosinen verarbeitet werden, bleiben nach der eigentlichen Weinlese noch weiter an den Reben hängen. Ihre Säure verringert sich immer mehr und ihr Gehalt an Zucker steigt.

Brot und Wein waren für viele Völker des Morgenlandes Hauptnahrungsmittel. Dies wird verständlich, wenn man weiß, daß sie unter Wein entweder die frische Weintraube oder den frischen, unvergorenen Traubensaft verstanden, denn der Traubensaft hat einen großen Nähr- und Heilwert. In den ersten drei Jahrhunderten unserer Zeitrechnung sollen die Christen keinen vergorenen Wein getrunken haben, und die Tibeter trinken bis auf den heutigen Tag keinen vergorenen Wein. Sie bereiten sich aber einen Rosinenwein, der anregender und gesünder ist als vergorener Wein.

In den östlichen Ländern werden mit Rosinenwein Nervenleiden geheilt. Unser, durch Gärung entstandener, Wein wird dort nicht völlig abgelehnt, ist aber von zweitrangiger Bedeutung. In manchen Fällen wird er als Medizin geschätzt, gilt aber im allgemeinen eher als kulturhemmend denn als kulturfördernd. Gewohnheitsmäßiger Genuß von vergorenem Wein kann die Drüsentätigkeit behindern und einschränken. Sekrete und feine Ätherstoffe können nicht mehr ausreichend gebildet werden, und besonders bei jungen Menschen wird die Entwicklung durch frühzeitigen Alkoholgenuß behindert.

Im Europa des Mittelalters wurde der Weinanbau hauptsächlich von Mönchen in Klöstern betrieben. Damals wurde der Wein jedoch stets mit frischen, aromatischen Kräutern zubereitet und mit Wasser verdünnt getrunken. Die Handbücher über Wein, die schon im 13.Jahrhundert existierten, befaßten sich ausschließlich mit seinen medizinischen Aspekten. Durch die Gärung der Trauben findet eine Umwandlung von Traubenzucker in Alkohol und Kohlendioxyd statt. Dies geschieht durch Mikroorganismen wie Hefebakterien, die auf der Traubenhaut leben. Die Qualität des Weines wird zwar von den klimatischen Bedingungen wie Sonneneinstrahlung und Bodenverhältnissen mitbestimmt, aber das Wesentliche, auch für sein Bouquet, ist, ob eine Milchsäuregärung stattgefunden hat oder nicht.

Der Umgang mit vergorenem Wein will erlernt sein. Da ich selbst einen edlen Tropfen nicht verachte, ließ ich mich gern aufklären. Ein wenig Wein in einer Soße oder unter eine gekochte Speise gemischt, verhindert Gärung und Säurebildung. Wein, zum Essen getrunken, kann Gärung und Säurebildung fördern, nicht aber, wenn man ein Glas Wein eine Weile nach einer Mahlzeit trinkt.

Wenn die Weinrebe blüht (bis etwa Anfang November), ist Wein nicht in der Saison, und man sollte ihn vorsichtig genießen. Im Winter kann er, in Maßen getrunken, die Gesundheit günstig beeinflussen. Von Zeit zu Zeit und nicht gewohnheitsmäßig genossen, kann ein guter Naturwein das Nerven- und Drüsensystem beleben und soll sogar blutreinigend wirken und für ältere Menschen ein Stärkungsmittel sein. Ein Glühwein, mit hochwertigen Gewürzen zubereitet und mit Honig (nicht Zucker) gesüßt, wirkt in der kälteren Jahreszeit wohltuend und belebend und erhöht den Blutumlauf.

Rosinenwein

Die Rosinen werden ein- bis zweimal abgebrüht und abgetrocknet. Nachdem man sie etwas zerkleinert hat, übergießt man sie mit kaltem, abgekochtem Wasser und läßt sie, leicht zugedeckt, drei Tage stehen.

In dieser Zeit entwickeln sich die Rosinen, aber sie säuern nicht. Nach drei Tagen siebt man die Flüssigkeit ab und hat ein sehr angenehm schmeckendes und erfrischendes Getränk.

Wirkungsbereich
Der Rosinenwein enthält neben konzentrierten und bestens konservierten Sonnenstrahlen eine geheimnisvolle „ätherische Substanz". Er wird ohne Gärung gewonnen, denn sobald die Gärung einsetzt (nach dem dritten Tag), löst sich das sagenumwobene ätherische Geheimnis auf und verfliegt. Bei allen Zubereitungen und Variationen ist daher besonders darauf geachtet worden, diese geheimnisvolle Substanz zu erhalten und wirksam werden zu lassen.

Nicht zuletzt aufgrund dieser geheimnisvollen Substanz spricht der „Nektar der Götter" Herz und Seele liebevoll an und läßt dunkle Gedanken, die uns manchmal wie ein Netz umgeben und Depressionen auslösen, dahinschwinden. Rosinenwein versorgt unser Nervensystem mit Energie, wirkt anregend, ohne aufzuregen und bringt unseren Seelenhaushalt wieder ins Gleichgewicht. Er ist ein gutes Mittel gegen Nervosität und Schlaflosigkeit und auch für Kinder bestens geeignet.

Die besten Anwendungszeiten sind Herbst und Winter. Alle unten aufgeführten Variationen sind von ähnlicher Wirkung.

Rosinen-Mohnsamenwein

Man setzt die abgebrühten, etwas zerkleinerten Rosinen in kaltem Wasser an und bringt sie langsam zum Aufwallen (nicht weiter kochen lassen). Nach etwa sieben Minuten fügt man die gemahlenen Mohnsamen hinzu und läßt alles zusammen noch sieben bis zehn Minuten lang ziehen. Rosinenwein mit gemahlenen Mohnsamen ist es ein vorzügliches Nervenberuhigungs- und Einschlafmittel. Die Zugabe von etwas Zimt, einer Spur Muskatnuß, Nelken oder Kardamom kann für manche Temperamente große Vorteile bringen.

Rosinenlimonade

Die abgebrühten, zerkleinerten Rosinen werden mit kochendem Wasser aufgebrüht. Man läßt sie fünfzehn bis dreißig Minuten ziehen und mischt sie mit dem Sonnensaft einer nachgereiften Zitrone. Diese Limonade kann auch kalt getrunken werden.

Rosinen-Apfelwein

Die abgebrühten und zerkleinerten Rosinen werden zusammen mit zerkleinerten Äpfeln mit kaltem Wasser übergossen und langsam erwärmt. Man läßt sie einmal aufwallen und fünfzehn bis dreißig Minuten lang ziehen. Gewürze wie oben.

Rosinen-Mandelwein

Die Rosinen werden mit fein zerkleinerten, abgezogenen süßen Mandeln langsam erwärmt und zum Aufwallen gebracht (nicht kochen lassen). Dreißig Minuten ziehen lassen.

Wirkungsbereich
Mandeln spenden Lebenskraft und Energie. Da sie auch eine besondere Wirkung auf das Nervensystem haben, ergänzen sie sich in wunderbarer Weise mit den Rosinen. Der Zusatz eines (nicht mehr!) sorgfältig ausgewählten Gewürzes kann sich individuell sehr vorteilhaft auswirken.

ZITRONEN – Früchte mit Sonnensaft

Gern überrasche ich die Teilnehmer an meinen Seminaren über die Heilkräfte in Wald und Flur mit Zitronen, die ich in einem warmen Backofen habe nachreifen lassen. Diese goldgelben, wunderbar nach Zitronenöl duftenden Sonnenfrüchte sind eine Köstlichkeit und rufen immer Verwunderung und Entzücken hervor. Das Rezept hat mir ein lieber Freund, David Hamburger, vor vielen Jahren anvertraut, als wir beide noch in St. Petersburg, Florida, lebten. Von diesem edlen, gesundheitskundigen Menschen habe ich in den vielen Jahren unserer Freundschaft reichlich lernen dürfen. Als er uns im vorigen Jahr im Alter von über neunzig Jahren verließ, war es, als würde eine ganze Gesundheitsbibliothek geschlossen.

In der Sonne ausgereifte Zitronen bekommt man in Florida auch nur im Winter, und dann ist man wieder auf die im Handel üblichen Zitronen, die unreif geerntet werden, angewiesen, genau wie hier. Die Möglichkeit, Zitronen nachreifen zu lassen, begeisterte mich ebenso wie die anderen Informationen über diese Sonnenfrüchte. Sonnengereifte oder nachgereifte Zitronen sind ein echtes Wundermittel, um gesund zu bleiben. Sie erzeugen im Körper organische Salizylsäure, die andere Säuren aus dem Blut entfernen kann. Diese Zitronen sind trotz der Säure, die sie enthalten, niemals säurefördernd, sondern neutralisierend.

Nachgereifte Zitronen

Die Zitronen (unbehandelt) werden mit einer Bürste gewaschen, abgetrocknet und in einen warmen Backofen gelegt, bei etwa 75 bis 80 Grad. Sie reifen praktisch nach, bis sie prall mit Saft gefüllt sind und herrlich nach Zitronenöl duften; anbrennen oder bersten sollten sie natürlich nicht.

Der Nachreifungsprozeß kann unterschiedlich lange dauern, von einer halben Stunde bis zu einer Stunde, je nachdem, wie kalt die Zitronen waren und ob sie eine sehr dicke oder dünne Schale haben. Diese köstlichen Früchte sind mehrere Tage lang haltbar (nicht in den Kühlschrank legen).

Leider haben wir in Deutschland noch keine Kennzeichnungspflicht für bestrahlte Früchte. Eine unbehandelte, aber bestrahlte Zitrone läßt sich nicht so leicht in eine Köstlichkeit verwandeln. Äußerlich anzusehen ist ihr die Denaturierung nicht. Schneidet man sie aber auf und drückt den Saft heraus, weist die innere Schale oft bräunliche Stellen auf. Solche Zitronen entwickeln bei der Nachreifung leichte Bitterstoffe, was ohne die Bestrahlung nicht vorkommt.

Wirkungsbereich

In einem Heilkräutertee sorgt der Sonnensaft einer nachgereiften Zitrone für das Aroma der reifen Frucht, ohne aggressive Säure und mit einen Reichtum an biologischen Wertstoffen, ganz besonders an Vitamin C. Mit vielen Heilpflanzen geht er eine harmonische Verbindung ein. Es gibt jedoch einige, die nicht zu ihm passen, beispielsweise Fenchel und Anis.

Zitronensaft, heiß zubereitet mit Honig (nicht mit Zucker), hilft bei Erkältungen und Verschleimungen; außerdem kann er die schweißtreibende Wirkung in einem Holunder- oder Lindenblütentee verstärken.

Gegen Husten, Heiserkeit und Bronchitis empfahl unser Freund David, kaltgepreßtes Olivenöl mit der gleichen Menge Zitronensaft kräftig zu schütteln und morgens nüchtern, mittags vor dem Essen und abends vor dem Schlafengehen je einen Eßlöffel davon einzunehmen. Damit habe ich beste Erfahrungen gemacht.

Ein starkes Ausscheidungsmittel ist Zitronensaft, mit Salz (Meersalz) geschüttelt, und zwar so lange, bis der Saft milchig wird und fast in Schaum übergeht. Dieses Mittel kennt man auch in Indien, allerdings verwendet man dort Salz und Zucker. Es soll bei Verschleimungen der Verdauungsorgane und bei Erkältungen helfen.

Zitronensaft, unmittelbar nach einer Tasse Kaffee mit Sahne getrunken, soll eine abführende Wirkung haben.

Sonnensalate

Es macht mir viel Freude, meine Familie und meine Gäste mit meinen Salatspezialitäten zu überraschen. Meistens will man mir nicht glauben, daß ich fast alle meine Salate nach demselben Universalrezept zubereite, das denkbar einfach und sehr zeitsparend ist. Ich stehe nämlich nicht gern länger als unbedingt nötig in der Küche.

Als Zutaten eignen sich fast alle Gemüse- und Salatsorten sowie viele Wildkräuter, besonders im Frühling, wenn sie noch jung und zart sind: Löwenzahn, Brennessel, Giersch, Gundelrebe, Brunnenkresse, Bachbunge, Schafgarbe, Sauerampfer, Spitzwegerich, Taubenkropf, Frauenmantel, Vogelmiere, Kohl- und Gänsedistel, Hirtentäschel, Gänseblümchen, Veilchen und viele mehr.

Auf die zerkleinerten Schätze in der Salatschüssel wird immer ein Apfel gerieben. Auf diesen geriebenen Apfel, und das ist das „Geheimnis" für Aroma und Harmonie, wird der frisch gepreßte Saft einer nachgereiften Zitrone geträufelt. Nun wird alles gut gemischt, und erst nachdem diese Mischung ein paar Minuten durchgezogen hat, gibt man ein gutes, kaltgepreßtes Öl, Sauerrahm oder Sahne hinzu. Den Apfel (einen großen oder zwei kleine, je nachdem wieviel Salat man zubereitet) schmeckt man in dem fertigen Salat kaum, aber gemeinsam mit dem Zitronensaft bringt er Lieblichkeit und Harmonie in den Salat und intensiviert sein Aroma. Öl oder Sauerrahm runden das ganze nur ab.

Es ist nicht ratsam, zu viele Zutaten zu mischen, wobei man bei den Sonnenkräutern ruhig etwas großzügiger sein darf. Bestimmte Pflanzen sollten den Salat jedoch dominieren. In der Regel gilt, daß Wurzelgemüse mit über der Erde Gewachsenem ausgeglichen werden sollte. Kräuter und Gewürze passen in jeden Salat. Obst und Gemüse gemeinsam sind in einem Salat nicht harmonisch und sollten auch nicht zur selben Mahlzeit gegessen werden. Äpfel und Bananen sind die einzigen Ausnahmen.

Salatmischungen können beispielsweise so zusammengestellt werden: Weiß- oder Wirsingkohl, Mohrüben, Zwiebeln oder Porree, Apfel, Zitronensaft und Öl oder Sauerrahm.

Oder: Knollensellerie, rote und grüne Paprikaschote, Apfel und Zitrone, Öl oder Sauerrahm.

Tomatensalat bereite ich nicht mit Apfel und Zitrone zu, sondern mit Öl, Zwiebeln, Knoblauch oder Porree und gern auch mit Champignons.

Sauerkraut braucht wenig oder gar keinen Zitronensaft, aber viele Äpfel, Zwiebeln, Porree und Öl.

Im Herbst bereite ich gern Kürbissalat zu. Ein Stück frischer Kürbis wird in Scheiben gehobelt (wie Gurke). Darauf wird eine rote und eine grüne Paprikaschote geraspelt (feingeraspelter Paprika ist leichter verdaulich und gibt dem Kürbis ein würzigeres Aroma als gewürfelter). Dann folgt eine Stange gehobelter Porree oder eine zerkleinerte Zwiebel. Auf dieses köstlich duftende Salatgemisch wird ein Apfel gerieben, der mit dem Zitronensaft begossen wird. Alles wird gut durchgemischt. Dann wird das kaltgepreßte Öl hinzugefügt. In diesen Salat passen auch ein Teelöffel Senf mit ganzen Körnern (Reformhaus) und natürlich Kräuter und Gewürze.

Es macht Freude, der Phantasie freien Lauf zu lassen, auch bei der Zusammenstellung von Sonnenkräutern zum Salat.

Ein Beispiel: Löwenzahn, Giersch und Taubenkropf etwa zu gleichen Teilen, Gundelrebe, Süßdolde oder Wiesenlabkraut, einige Gänseblümchen und Veilchen. Ein bis zwei Löwenzahnblüten bringen mit ihrem Sonnengelb Licht in das satte Grün (aber ohne die Stengel; diese sind zwar heilkräftig, aber bitter und für Kinder nicht geeignet). Auf die zerkleinerten Wildkräuter wird der Apfel gerieben, und auf diesen kommt der Zitronensaft. Dann wird alles gut durchgemischt und mit Öl übergossen.

GHEE – das freundliche Fett

Fette sind Energielieferanten. Naturbelassene Fette wie
Butter und alle nichtraffinierten, kaltgepreßten Öle sind
freundliche Fette, während man alle raffinierten, gehärte-
ten, „toten" Fette als Bösewichter bezeichnen könnte,
denn sie sind unserer Gesundheit nicht zuträglich. Die
freundlichen Fette sind Träger aktiver biologischer Wirkstoffe, die alle Auf- und Abbauvorgänge in unserem Körper mit beeinflussen. Ohne sie könnte der Organismus
nicht störungsfrei funktionieren.

Ghee ist geklärte Butter, die auf enzymatischem Wege
bereits im Darm resorbiert wird, wobei sie die Leber nicht
belastet, wie andere Fette das tun, sondern sogar kräftigt.
Das erklärt, warum Ghee im Ayurveda, der indischen
Gesundheitslehre und Heilkunde, unter anderem als Trägersubstanz für Heilpflanzen und Gewürze verwendet
wird. Ghee zählt außerdem zu den ayurvedischen Verjüngungsmitteln. Man schreibt der geklärten Butter erstaunliche Wirkungen zu. Ihre nährenden und aufbauenden
Eigenschaften sollen das ganze Nervensystem regenerierend beeinflussen können. Alterungsprozesse werden auf-
gehalten und sogar teilweise rückgängig gemacht. Ghee
nährt das Gehirn und wirkt energetisierend auf das subtile
Gewebe. Intelligenz und Wahrnehmung sollen dadurch
gefördert werden.

Diese erstaunlichen Eigenschaften haben mich so
beeindruckt, daß ich jetzt auch in meiner Küche Ghee
verwende, hauptsächlich in Verbindung mit Heilpflanzen
und Gewürzen, aber auch zum Kochen, Backen und

Dünsten. Als Trägersubstanz kann Ghee die Wirkung von Heilpflanzen oder Gewürzen, die auch verjüngende Eigenschaften haben, verstärken.

Die Beachtung der Mondphasen kann sich bei einer kurmäßigen Anwendung von Ghee, kombiniert mit Heilpflanzen und Gewürzen, sehr vorteilhaft auswirken. Beispielsweise wird ein Beinwelltee, mit einem Teelöffel Ghee zubereitet und mit Safran oder Muskatnuß gewürzt (eine ganz ausgezeichnete Mischung), von dem man 8 bis 12 Tage lang täglich eine Tasse trinkt, bei zunehmendem Mond und ein bis zwei Tage über den Vollmond hinaus die beste Wirkung zeigen. Ghee und Beinwell haben beide eine verjüngende, regenerierende Wirkung und werden sich in ihren anabolischen (nährenden und aufbauenden) Eigenschaften ergänzen und verstärken. Der Safran mit seinem revitalisierenden Einfluß auf alle Gewebselemente wird beide in ihrer Wirkung noch wesentlich unterstützen können. Muskatnuß und Nelken können abwechselnd für neue Impulse sorgen. Der zunehmende Mond wird die gewünschte Wirkung ebenfalls unterstützen.

Auch bittere Kräuter zur Entgiftung und Reinigung können mit entsprechenden Gewürzen und Ghee kombiniert werden. Der Reinigungsprozeß, der unter anderem die Entfernung toxischer Substanzen bewirken soll, wird durch Ghee wirkungsvoll unterstützt. Fettlösliche Stoffe werden durch einen Zusatz von Ghee leichter gelöst und ausgeschieden. Diese entgiftende Wirkung wird von einem abnehmenden Mond, bis über den Neumond hinaus, am günstigsten beinflußt.

Ganz genau genommen ist eine Kur dann am wirkungsvollsten, wenn sie mit dem abnehmenden Mond beginnt, und sei es nur ein paar Tage vor Neumond. Entgiftung und Reinigung sollten immer Vorrang haben und zuerst angeregt werden. Die günstigsten Jahreszeiten für kurmäßige Anwendungen zur Entgiftung und Reinigung sind der Frühling bis vor Ostern und der Herbst bis um die Adventszeit; aber auch im Winter sind Kuren mit dem Zusatz von Ghee sehr wirksam und können wiederholt werden.

In einem Heilkräutertee gegen Husten, Heiserkeit und Erkältungen kann Ghee, auch in Verbindung mit Honig, sehr wohltuend und heilend sein.

Wie man Ghee herstellt, habe ich mir in Indien mehrmals ansehen dürfen. Die Butter läßt man langsam schmelzen, bis sie leicht zu brodeln beginnt. Den dabei entstehenden Schaum schöpft man solange ab, bis das Butterfett klar ist. Es bildet sich dann ein feiner Film, wie ein durchsichtiges Häutchen auf dem Butterfett. Diesen entfernt man nicht, denn er gilt als heilkräftig. Wenn das Butterfett etwas abgekühlt ist, gießt man es sehr vorsichtig in einen Steintopf (ein Glas genügt auch). Von dem Satz, der sich eventuellen unter dem Butterfett gebildet hat, darf nichts mit abgegossen werden; der muß zurückbleiben! Das Abgießen erfordert etwas Geschicklichkeit. Sollte es Ihnen anfangs nicht gelingen, können Sie das Butterfett auch durch ein Tuch, ein sehr feines Sieb oder einen Kaffeefilter gießen.

Bei normalen Temperaturen ist Ghee sehr lange haltbar (mehrere Monate), braucht also nicht im Kühlschrank aufgehoben zu werden. Ghee sollte aus Sauerrahm-Butter hergestellt werden, denn diese wird noch mit Bakterienkulturen geimpft, die eine natürliche Milchsäure produzieren; während die mildgesäuerte Butter mit chemisch hergestellter Milchsäure versetzt wird.

In so guter Qualität, wie Sie Ghee selbst herstellen können, ist es leider nicht zu kaufen.

KULINARISCHE KÖSTLICHKEITEN
AUS WALD UND FLUR

Alexander von Humboldt machte jedes Jahr im Frühling eine dreiwöchige Kur mit einer Sonnenkräutersuppe. Er nannte sie nicht so, aber da diese Suppe aus Sonnenkräutern hergestellt wurde, ist der Name berechtigt.

Sonnenkräutersuppe
nach Alexander von Humboldt

Zwei Handvoll Sonnenkräuter, und zwar Gundelrebe, Schafgarbenblätter, Gänseblümchen, Brunnenkresse, Kerbelblätter, Brennessel und Spitzwegerich, werden mit kaltem Wasser angesetzt und erwärmt. In die heiße Flüssigkeit wird in Butter leicht gebräuntes Mehl eingerührt. Man läßt einmal kurz aufkochen.

Das ist schon alles. Diese heilkräftige Suppe soll Alexander von Humboldt all seinen Freunden und Bekannten wärmstens empfohlen haben.

Mein Grundrezept für eine gesundheitsfördernde, delikate Sonnenkräutersuppe möchte ich Ihnen, liebe Leserin, lieber Leser, ebenfalls gern vorstellen.

Sonnenkräutersuppe

Zutaten: Etwa vier Handvoll ausgewählter Sonnenkräuter, zum Beispiel Brennessel, Taubnessel, Giersch, Kohldistel, Gundelrebe, Bärwurz, Ackersenf,

Weidenröschen, Taubenkropf, Huflattich, Bärenklaue, Wiesenstorchschnabel, Brunnenkresse,
Süßdolde, Gänseblümchen
(Achten Sie darauf, daß Sie nicht zuviel mischen.)
$^3/_4$ Liter Brühe aus Gewürzen, und zwar 2 bis 3
Lorbeerblätter, 3 bis 4 Nelken, 3 bis 4 Wacholderbeeren, 3 bis 5 Gewürzkörner, eventuell
etwas Beifuß, 1 Zwiebel (diese kann mit Schale
gekocht werden), 2 Teelöffel Kräutersalz
2 Eßlöffel Butter (Ghee) oder kaltgepreßtes Öl
1 Zwiebel oder 1 Stange Porree
Vollkornmehl, Reismehl oder eine fein
geriebene Kartoffel
1 Eigelb
Sauerrahm oder süße Sahne

Zubereitung
Die kleingeschnittene Zwiebel oder den Porree läßt man
langsam in der Butter (oder im Öl) goldbraun schwitzen.
Dann gibt man die kleingeschnittenen Wildpflanzen dazu
und dünstet alles langsam gar. Eventuell kann man etwas
Brühe dazugießen, jedoch nur soviel, wie die Pflanzen aufnehmen können. So entwickeln sich biochemische Salze,
und der Suppe muß beim Abschmecken nicht mehr viel
Salz zugefügt werden. Dann erst wird die Brühe mit Vollkornmehl oder Reismehl oder einer sehr fein geriebenen
Kartoffel angedickt. Einige Minuten köcheln lassen. Die
fertige Brühe wird durchgesiebt und zu den gedünsteten
Sonnenkräutern gegeben. Mit Sauerrahm und Eigelb legie-
ren, frische Kräuter hinzufügen und abschmecken.

Herstellung der Brühe
Die Gewürze (man kann sie nach eigenem Geschmack
auch anders zusammenstellen) werden mit kaltem Wasser

angesetzt und langsam zum Kochen gebracht, langsam, weil sie ja sowohl ihre Inhaltsstoffe als auch ihr Aroma an das Wasser abgeben sollen. Man läßt die Brühe drei bis vier Minuten lang ganz leicht köcheln und seiht nach fünf bis zehn Minuten ab. Der fertigen Brühe kann man einen Teelöffel Ghee, einen Eßlöffel Olivenöl, ein Eigelb oder Edelhefeflocken (kein Extrakt) zufügen. Sie ist eine wahre Labsal für den ganzen Körper.

WASSER – unser Lebenselixier

„Das Prinzip aller Dinge ist das Wasser, aus Wasser ist alles, und im Wasser kehrt alles zurück", schrieb der griechische Philosoph Thales im 6. Jahrhundert vor Christus.

Wasser ist ein elementarer Bestandteil allen Lebens auf diesem Planeten. Ohne Wasser wäre kein menschliches, kein tierisches und kein pflanzliches Leben möglich. Dreiviertel unserer Erde sind von Wasser bedeckt, und der menschliche Körper besteht zu 60 bis 70 Prozent aus Wasser.

Im Wasser sind fast alle Stoffe löslich, und diese auflösende Wirkung des Wassers ist sehr viel bedeutender, als man zunächst annimmt, denn über einen längeren Zeitraum betrachtet, sind die dadurch hervorgerufenen Veränderungen enorm. Steter Tropfen höhlt den Stein.

Diese auflösende Eigenschaft des Wassers spielt auch innerhalb unseres Körpers eine Rolle, wo Wasser eine ganze Reihe von lebenswichtigen Aufgaben zu erfüllen hat. Als Transportmittel für alle in Wasser gelösten Nährstoffe, aber auch zur Bewältigung von Giftstoffen, Salzen und Körperabfällen wird Wasser benötigt. Eine richtige Verdauung von Nahrungsmitteln ist ohne Flüssigkeit nicht möglich. Alle Zellen, Lymphe, Schleimhäute und Drüsen brauchen Wasser. Das Blut besteht zu etwa 92 Prozent aus Wasser. Unsere Körpertemperatur wird durch Wasser geregelt. Unser Geschmackssinn gehört dem Wasserelement an. Zu wahren Geschmacksempfindungen ist nur eine feuchte Zunge fähig.

Welche Menge Wasser oder Flüssigkeit der Körper benötigt, hängt vom allgemeinen Gesundheitszustand sowie vom Klima und der jeweiligen Tätigkeit des Menschen ab. Unser Durstgefühl sollte uns eigentlich sagen, wann unser Körper Flüssigkeit benötigt. Das Durstgefühl müßte das Wasserungleichgewicht anzeigen. Heute scheint jedoch das natürliche Durstgefühl bei vielen Menschen gestört zu sein. Diese Störung kann eine echte Gefahr für unsere Gesundheit darstellen. Sie sollte daher aufmerksam beachtet und ausgeglichen werden. Ein „Wasserhunger" im Organismus schadet dem gesamten Nervensystem und kann seine Funktionen behindern.

Die tägliche Flüssigkeitsabgabe des Körpers beträgt in der Regel etwa zwei Liter (Atem, Schweiß, Urin und Ausscheidungen über den Darm). Wenigstens diese zwei Liter sollten dem Organismus in Form von Flüssigkeiten und Nahrungsmitteln, die einen großen Wasseranteil enthalten, wieder zugeführt werden. Für unsere Gesundheit in ihrer Gesamtheit ist eine ausreichende Menge an Flüssigkeit eine absolute Notwendigkeit. Leider wird dieser Flüssigkeitsbedarf heute oft mit Kaffee, Schwarzem Tee oder zuckerhaltigen Getränken befriedigt, was weder gesundheitsfördernd ist noch Wasser auch nur annähernd ersetzen kann.

Es lohnt sich, etwas mehr über Wasser, diese lebenspendende Substanz, zu wissen. Die Auswirkungen der unterschiedlichen Wasserqualitäten sind recht umstritten und können letztendlich nur von jedem Menschen individuell bewertet werden.

Des Menschen Seele gleicht dem Wasser.
Vom Himmel kommt es, zum Himmel steigt es
und wieder zur Erde muß es, ewig wechselnd.
Johann Wolfgang von Goethe

Wolkenwasser oder Regenwasser ist von Natur aus destilliertes Wasser. Es soll Völker gegeben haben, die nur Regenwasser zu sich nahmen und sich bester Gesundheit erfreuten. Man nimmt sogar an, daß Menschen, die ein phantastisches Lebensalter erreichten, wie sie beispielsweise in der Bibel und anderen alten Schriften erwähnt werden, nur das von der Natur destillierte Wasser, Regenwasser, verwendeten. Seit uralten Zeiten hielt man das Wolkenwasser im Monat März für außergewöhnlich heilbringend. Die gewaltigen Turbulenzen in der Atmosphäre verleihen dem Märzwasser aus den Wolken ungewöhnliche, reinigende und heilende Kräfte. In der Jugendzeit meiner Mutter pflegte man in ihrer Heimat, am Ostseestrand in Pommern, noch einen Frühlingswasser-Volksbrauch. Sobald das Wasser frostfrei war, etwa Ende März, wurde das Frühlingswasser aus den Wolken bis zum Ostersonntag aufgefangen oder aus dem nahegelegenen Bach geholt. Dieses heilende Osterwasser, wie man es auch nannte, sollte alles reinwaschen, innerlich und äußerlich, und Mensch und Tier das ganze Jahr Gesundheit schenken.

Auch die Indianer Nordamerikas schrieben dem Frühlingswasser aus den Wolken große reinigende Kräfte zu. Im Frühling, wenn riesenhafte Naturgewalten aktiv werden, ganz besonders im Monat März bis Mitte April, glaubten sie segenspendende, heil-und heiligmachende Eigenschaften in diesem Wasser zu finden. Auch das fließende, sich rasch bewegende Wasser in Wald und Flur hielten sie in dieser Jahreszeit für außergewöhnlich erneuernd und verjüngend.

Im Zeitalter der Umweltverschmutzung enthält Wolkenwasser leider so allerlei unreine, nicht wünschenswerte atmosphärische Beimischungen. Man kann sicherlich nicht mehr sagen, daß es für uns Menschen genießbar vom Himmel fällt. Und dennoch, was wären Pflanzen,

Tiere und Menschen ohne diese lebenspendende Gabe des Himmels? Und wer weiß, vielleicht entzieht sich dieser geheimnisvolle Frühlingszauber im Wolkenwasser, diese unvorstellbar gewaltige Macht, der Einflußnahme des Menschen. Tatsache ist, daß unsere Haut das Frühlingswasser aus den Wolken nach wie vor liebt. Sie wird davon rein und schön und verliert Flecken und Sommersprossen.

Über *Mineralwasser*, dieses Naturwasser aus den Tiefen der Erde, gehen die Meinungen auseinander, und selbst die wissenschaftlichen Aussagen fallen recht unterschiedlich aus. Mineralisches Quellwasser, auch das aus Heilquellen, ist wegen seines Gehalts an anorganischen Mineralstoffen und Spurenelementen umstritten. In den USA gilt dieses Wasser nicht unbedingt als gesundheitsfördernd und für jeden Menschen geeignet. Für Menschen mit gesunden Ausscheidungsorganen, die fähig sind, anorganische Substanzen leicht auszuscheiden, kann Wasser aus Heilquellen große Vorteile bringen. In einem langsam arbeitenden Organismus hingegen können diese anorganischen Substanzen zu unerwünschten Ablagerungen führen und Stauungen (etwa durch zuviel Harnsäure) verursachen.

Da mir die Gesundheit meiner Familie und natürlich auch meine eigene von jeher am Herzen lag, habe ich immer und überall Wert darauf gelegt, Wasser zu verwenden, das der Gesundheit förderlich ist. Nicht zuletzt ist Wasser von bester Qualität auch als Trägersubstanz für die gesundheitsfördernden Inhaltsstoffe meiner Heilpflanzen nötig.

In Atlanta, Georgia, veränderte das Wasser aus der Leitung in den siebziger Jahren seine Qualität langsam so, daß man den verstärkten Chlorgehalt durch Geschmack und Geruch wahrnehmen konnte. Die stark angestiegene

Bevölkerungszahl brachte diese Veränderung mit sich. Da es mir wichtig und auch interessant schien, über Wasser und seine Auswirkungen auf den menschlichen Körper besser informiert zu sein, suchte ich einen Experten auf. Danach hielt ich es für notwendig, unser Trinkwasser im Supermarkt einzukaufen. Die Auswahl zwischen gefiltertem, ionisiertem oder dampfdestilliertem Wasser fiel mir leicht. Mit meinem neuerworbenen Wissen, das ich dankbar zu schätzen wußte, konnte ich die großen Vorteile von dampfdestilliertem Wasser leicht erkennen. Dampfdestillation ist die einzige Methode, bei der anorganische Mineralstoffe und auch andere Verunreinigungen zurückbleiben. Nur reines Wasser verdampft. Destillation ist eine Methode der Natur.

Unsere Freunde und Bekannten meinten, durch dieses absolut tote Wasser müsse ein Mangel an Mineralstoffen und Spurenelementen entstehen. Das war nur zu verständlich, denn sie hatten sich mit dem Thema Wasser noch nicht so intensiv auseinandergesetzt. Anorganische Mineralstoffe und Spurenelemente, so wie sie im Wasser enthalten sind, können den Bedarf des Körpers an diesen Stoffen nicht decken. Es ist nicht einmal sicher, ob diese anorganischen Substanzen überhaupt aufgenommen werden können und nicht nur zu Belastungen und Ablagerungen führen. Es gibt es Behauptungen, daß nur Pflanzen die Fähigkeit haben, anorganische Stoffe aufzunehmen und zu verarbeiten. Menschen und Tiere müssen ihren Bedarf an diesen lebensnotwendigen Stoffen aus Nahrungsmitteln decken.

Die Wirksamkeit einer Gesundheitskur in Kombination mit Gewürzen hängt immer auch von der Qualität des Wassers ab. Um höchste Erwartungen erfüllen zu können, eignet sich dampfdestilliertes Wasser am besten. Ein Heilkräutertee, der mit destilliertem Wasser zubereitet wird, enthält keine anorganischen Substanzen, die sich eventuell im Körper ablagern können.

Dampfdestilliertes Wasser kann man auch selbst herstellen. Man läßt normales Leitungswasser zehn Minuten lang kochen und dann abkühlen. Anschließend muß es noch einmal zehn Minuten lang kochen.

Um die Wirkung des Wassers im menschlichen Körper zu veranschaulichen, hier ein Beispiel:

Eine Blutreinigungskur mit Mineralwasser aus einer Heilquelle kann nicht so erfolgreich sein wie eine Kur mit destilliertem Wasser. Das Mineralwasser braucht, bis es durch das Körpersystem hindurch ist, etwa anderthalb bis vier Stunden; die Dauer ist individuell unterschiedlich. Während dieses Prozesses kann es sein, daß anorganische Stoffe, die das Mineralwasser ja enthält, im Körper abgelagert werden.

Destilliertes Wasser benötigt etwa zwanzig bis dreißig Minuten (individuell auch unterschiedlich), um vom Körper wieder ausgeschieden zu werden. Es übt dabei einen solchen Druck auf das Blut aus, daß Mineralien und Fremdstoffe aller Art und auch Säuren mit ausgeschieden werden. Diesen Druck auf das Blut kann nur absolut totes, destilliertes Wasser ausüben, und zwar allein durch seine Schwere, sein spezifisches Gewicht. Ablagern kann es nichts, weil es nichts mit sich führt.

In Indien bevorzugt man heißes, destilliertes Wasser für diese Zwecke. Bei einer solchen Wasserkur, die wie eine reinigende Blutwäsche wirken soll, ist es nicht von grundsätzlicher Bedeutung, ob das Wasser heiß, lauwarm oder kalt getrunken wird. Die empfohlene Trinkmenge beträgt drei bis dreieinhalb Liter täglich. Auf normale Mahlzeiten braucht man während der Kur nicht zu verzichten. Die Wasserkur kann man 10 bis 21 Tage lang durchführen. Im Frühling soll sie eine besonders gute

Wirkung zeigen. Es ist auch von Vorteil, die Kur bei abnehmendem Mond durchzuführen. Wenn man auch nach einer solchen Wasserkur vor jeder Abendmahlzeit ein bis zwei Gläser destilliertes Wasser trinkt, soll man reines Blut behalten und widerstandsfähig gegen vielerlei Störungen sein. Das Wasser sollte übrigens niemals zu den Mahlzeiten getrunken werden.

Eine ähnliche Wasserkur, allerdings mit Leitungswasser, wurde in den sechziger Jahren überall in den USA propagiert. Acht große Gläser Leitungswasser sollte man am Tag trinken, und viele Amerikaner taten das auch. Ich konnte mich mit dieser Methode nicht anfreunden, obwohl die Qualität des Leitungswassers damals noch recht gut war.

Heute wohne ich im Südharz und bin mit der Qualität des Leitungswassers zufrieden. Besonders glücklich bin ich aber, wenn ich mit meiner Kanne zu einer Quelle spaziere, die oberhalb unseres Holzhäuschens fließt. Diese Quelle ist von hohen Buchen und Fichten umgeben, und ihr Wasser sprudelt tief aus der Erde. Ich empfinde große Dankbarkeit, wenn ich aus dieser Quelle die göttliche Gabe, lebendiges Wasser, schöpfen darf.

Alle Dinge sind entstanden aus zwei verschiedenen, aber sich ergänzenden Elementen, Feuer und Wasser. Die Macht des Feuers – Sonnenlicht – ist die Ursache der Bewegung, die das Wasser nährt.
Hippokrates

Für Hippokrates waren die Strahlen der Sonne die Quelle aller Energie. Wasser, welches dem Sonnenlicht ausgesetzt war, bezeichnete er als Sonnenwasser, als Wasser, das gespeicherte Sonnenenergie enthält. Das Wasser in unseren Pflanzen enthält gespeicherte Sonnenenergie. Als

„Wasser des Lebens" bezeichnete Hippokrates das Wasser aus Pflanzen und Früchten.

Wasser, das sich leicht erwärmt und das leicht gefriert, bevorzugte er. Schlecht war Wasser, das lange Zeit brauchte, um zu kochen. Auch die Römer wußten, daß zu Heilzwecken nur Sonnenwasser, also Meerwasser und fließendes Wasser, benutzt werden konnte. In der Heilkunde der Indianer spielte das in der Sonne fließende Wasser ebenfalls eine wichtige Rolle.

Wußten Sie, liebe Leserin, lieber Leser, daß Wasser sich durch die Einwirkung von Sonnenschein und Luft selbst zu reinigen vermag? Angesichts der vielen modernen Chemikalien und zahllosen Gifte, die wir so bedenkenlos ins Wasser leiten, ist die Natur allerdings überfordert.

NACHWORT

Beim Schreiben dieses Buches ließ ich mich von einem
Gedanken aus dem Ayurveda leiten: „Vermeide die Gefahr, die noch nicht gekommen ist."

Gesundheit ist unser kostbarstes Gut. Es ist niemals zu
früh, eigenverantwortlich für ihre Erhaltung Sorge zu tragen, und Gott sei Dank auch nie zu spät.

Sie werden feststellen, daß ich Ausdrücke wie „spielerisch" oder „spielen mit" mehrfach gewählt habe, um
jedem perfektionistischen Übereifer entgegenzuwirken,
der oft zu Streß und Verkrampfung führt. Spielerisch
bedeutet leicht, locker, unkompliziert, einfach und spricht
eine Haltung an, die weniger vom Willen bestimmt wird
als vom Wünschen. Wünschen aus tiefster Seele, von Herzen. Gesundheit ist eine Herzensangelegenheit, die viel
mit Liebe und Verständnis für sich selbst zu tun hat. Denn
alles, was wir für uns selbst tun, bringt uns selbst Gewinn,
aber auch anderen, die unserem Vorbild folgen.

Und so hoffe ich von ganzen Herzen, daß Sie, liebe
Leserin, lieber Leser, nicht nur Wissen anhäufen, indem
Sie dieses Buch lesen, sondern dieses Wissen auch in die
Tat umsetzen.

VERZEICHNIS DER REZEPTE

VERZEICHNIS DER
NÄHER BESCHRIEBENEN HEILPFLANZEN